25 TIPPS FÜR ERFOLGREICHES TEAM-MANAGEMENT

von Martin Schmidt

Impressum/Disclaimer

Über den Autor

Martin Schmidt wurde 1974 geboren und lebt in Wien. Nach mehr als 15 Jahren in unterschiedlichen Führungspositionen im Marketing, Vertrieb und Service in Österreich und Deutschland und dem Betrieb eines Weiterbildungsinstitutes arbeitet er derzeit als Trainer und Coach und beschäftigt sich in erster Linie mit dem Thema Führung speziell für neue Führungskräfte.

Seine Gedanken dazu kann man regelmäßig auf https://www.martin-schmidt.at/ nachlesen.

Vorwort

Liebe Leserin, lieber Leser,

vielen Dank, dass Du mich als Deinen persönlichen Berater in Sachen Team-Management ausgewählt hast.

Ich hoffe, es ist in Ordnung, wenn ich Dich duze, andernfalls würde ich Dich bitten, das Buch beim Händler Deines Vertrauens zurückzugeben. Ich kann es ja jetzt nicht mehr umschreiben...

Meine 25 Tipps für erfolgreiches Team-Management sollen Dir Orientierung in der Führung von Teams geben. Sie sind aber keine Dogmen, sondern geben oft meine ganz eigenen Meinungen und Eindrücke zum Thema Führung wieder. Wichtig ist mir vor allem auch zu erwähnen, dass diese Tipps als individuelle Ratschläge angenommen werden können, manchmal können sie sich in der Praxis aber auch als unpassend erweisen und eine bestimmte Situation erfordert einfach eine ganz andere Vorgehensweise.

Ebenso haben manche Tipps auf den ersten Blick nicht immer gleich mit dem Kernthema Team-Management zu tun. Sie sind aber aus meiner Sicht ebenso wichtig und machen einen Teil des Erfolges aus.

Vielleicht hast Du Dich auch schon gefragt, was mich berechtigt, jemandem Tipps für Team-Management zu geben. Das ist auf jeden Fall eine gute und berechtigte Frage.

Ich bin kein Guru, der viele teure Seminare besucht hat oder sich dem Thema wissenschaftlich angenähert hat. Ich habe meinen ersten Führungsjob im Alter von 24 Jahren bekommen und dabei natürlich alle Fehler gemacht, die man nur machen kann. Nun habe ich ein Jahrzehnt Führungserfahrung in verschiedenen

Positionen in österreichischen und deutschen Unternehmen hinter mir, das eine oder andere Seminar zu dem Thema ist dazu gekommen und natürlich habe ich in dieser Zeit auch eine Vielzahl an Büchern gelesen, die sich direkt oder indirekt mit den Themen „Team-Management" oder „Führung" beschäftigt haben.

Mit den Jahren hat sich so eine Fülle an Erfahrungen aufgebaut, die ich nun nicht für mich behalten möchte, sondern nun zum Beispiel in Form dieses Buches an Dich weitergebe.

Noch eines vorweg: Ich habe mich aufgrund der einfacheren Lesbarkeit gegen die geschlechtergerechte Sprache entschieden.

Ich bin mir durchaus bewusst, dass das die Basis für lange Diskussionen bilden kann, ich halte es aber einfach für meine Leser unzumutbar, wenn sie über den Verlauf eines gesamten Buches von MitarbeiterInnen und Team-MitgliederInnen lesen müssen.

Sei daher versichert: In allen meinen Beispielen spreche ich immer von Damen und Herren, Frauen und Männern, Weiblein und Männlein.

Ich wünsche Dir eine spannende Reise durch meine 25 Tipps und würde mich freuen, auch von Dir den einen oder anderen Tipp zu bekommen, den Du zum Thema „Team-Management" geben kannst.

Herzlichst, Martin Schmidt

PS: Als kleinen Bonustrack habe ich Dir eine Checkliste für Mitarbeiter-Jahresgespräche erstellt.

Die Checkliste erhältst Du auf meiner Website unter http://www.martin-schmidt.at/checkliste/

Inhaltsverzeichnis

Tipp 1: Glaube an Dich!

Sehr toll. Ich dachte, hier geht es um Team-Management und dann geht es auf einmal um Selbsthilfe. Keine Angst, wir werden bei diesem Tipp den Rahmen nicht sprengen. Doch der Weg zum Erfolg führt natürlich über das Vertrauen in die eigenen Fähigkeiten und eine positive Grundherangehensweise an die ganze Sache.

Es gibt hier den berühmten Satz:

„Ob Du glaubst, etwas ist möglich oder nicht möglich – Du wirst immer recht behalten!"

Das trifft es für diesen Tipp schon ziemlich auf den Punkt.

Doch wie funktioniert das: an sich zu glauben? Zunächst einmal ist es wichtig, sich seiner eigenen Stärken bewusst zu werden. Jeder von uns hat Stärken, aber wenn er danach gefragt wird, welche das sind, dann lässt sich das oft gar nicht so leicht beantworten.

Stärken hat man, aber man denkt nicht jeden Tag über sie nach.

Daher habe ich Dir eine Stärken-Speisekarte zusammengestellt, aus der Du Dir einfach Deine Stärken auswählen kannst. Nimm Dir in einfach einmal ein wenig Zeit und suche Dir die zwei, drei oder von mir aus auch vier Stärken raus, die am ehesten auf Dich zutreffen.

Es fällt Dir schwer, Deine eigenen Stärken zu beurteilen? Dann zeige die Speisekarte doch einigen Deiner Freunde und Bekannten und bitte sie, Deine Stärken daraus auszuwählen.

Wenn Du einen noch genaueren Abgleich zwischen Selbstbild und Fremdbild vornehmen möchtest, dann kannst Du auch jede der aufgelisteten Stärken auf einer Skala von 1 (sehr ausgeprägt) bis 10 (überhaupt nicht) bewerten und dann andere Leute, die Dich gut kennen, bitten, das auch zu tun.

Es kann natürlich auch vorkommen, dass Deine Stärke nicht auf der Speisekarte ist. Die Karte hat ja auch keinen Anspruch auf Vollständigkeit und Du darfst Dir die Speisekarte selbstverständlich jederzeit erweitern.

Die Stärken-Speisekarte:

- gutes Auftreten
- Flexibilität
- Durchsetzungsvermögen
- Intuitionsfähigkeit
- Glaubwürdigkeit
- Kreativität
- Analytische Fähigkeiten
- Leistungsbereitschaft
- Entschlossenheit
- Humor
- Entscheidungsfähigkeit
- Belastbarkeit
- Ausdauer
- Risikobereitschaft
- Kritikfähigkeit
- Fähigkeit zur Selbsterkenntnis
- Selbstbewusstsein
- (Eigen-) Initiative
- Teamfähigkeit
- Kommunikationsfähigkeit
- Konfliktfähigkeit

- Fähigkeit zu genießen
- Selbstsicherheit
- Selbstständigkeit
- Lernbereitschaft
- Neugier
- Zuverlässigkeit
- Ausgeglichenheit
- Konzentrationsfähigkeit
- Selbstvertrauen
- Führungsfähigkeit
- Spontanität
- Einsatzbereitschaft
- Begeisterungsfähigkeit
- Autorität
- Verantwortungsbewusstsein
- Anpassungsfähigkeit
- Einfühlungsvermögen
- Überzeugungskraft
- Ausdrucksfähigkeit in Wort und Schrift
- Musikalität
- Organisationstalent
- Kontaktfähigkeit
- Fähigkeit zu entspannen
- Vielseitigkeit
- Besonnenheit
- Aufgeschlossenheit
- Auffassungsgabe
- Offenheit
- Fähigkeit zuzuhören
- Präzision
- Experimentierfreudigkeit
- (Selbst-)Motivationsfähigkeit
- Urteilsvermögen

- Delegationsfähigkeit-
- ...

An dieser Stelle möchte ich auch noch einmal eine Lanze für das positive Denken brechen.

Das bedeutet nämlich keineswegs, blind bei denvorhandenen Problemen zu sein, Scheuklappen zu tragen und lächelnd durch das Leben zu gehen.Vielmehr ist damit gemeint, zur jeweiligen Situation die bestmögliche Einstellung zu finden, das anzunehmen, was ist, und entsprechende Lösungen zu entwickeln und Handlungen einzuleiten.

Oft ist es auch wichtig, sich aus seiner erlernten Hilflosigkeit, also der Vorstellung, man kann an einer Situation ohnehin nichts ändern, zu befreien, dabei die eigenen negativen Gefühle aufzuspüren und durch positive Glaubenssätze zu ersetzen.

Wenn man ein Problem rational betrachtet, dann besteht es aus genau drei Dingen:

- dem derzeitigen Zustand,
- dem gewünschten Zustand und
- dem Hindernis dazwischen.

Und wenn man einmal die exakte Definition des Problems kennt, dann hat man meistens auch schon die Lösung. Denn für jedes Problem gibt es auch (mindestens) eine gute Lösung.

 **TO DO LIST:**

-Suche Dir Deine Stärken aus der Stärken-Speisekarte und schreibe sie auf ein Blatt Papier! Platziere dieses Blatt an irgendeiner Stelle, an der Du es öfter siehst! So wirst Du immer wieder an Deine Stärken erinnert und kannst sie für Dich selbst verinnerlichen!

-Frage zwei bis drei Personen aus Deinem Bekanntenkreis nach Deinen Stärken!!

-Versuche nun, einen Slogan für Dich zu entwickeln! Wenn es Dir gelingt, schreibe ihn ebenfalls auf den Stärken-Zettel und setze den Slogan bei passenden Gelegenheiten für Dich ein (zum Beispiel bei Personenbeschreibungen im Intranet, auf Visitenkarten ...)!

Tipp 2: Finde heraus, was Dein innerer Antreiber ist!

Die Siebzigerjahre. Was haben sie uns nicht alles gebracht: ABBA, Bonanza, Plateauschuhe, den VW Golf und Forschungsergebnisse von Eric Berne.

Noch nie gehört von Eric Berne? Keine Sorge, ich ja auch nicht, bevor ich mich näher mit diesem Thema beschäftigt habe. Berne war ein kanadisch-US-amerikanischer Psychiater und hat gemeinsam mit Thomas Harris die Transaktionsanalyse entwickelt. Aber die gesamte Story würde jetzt wohl den Rahmen sprengen.

Wichtig für uns zu wissen ist nur, dass er in den 70er-Jahren entdeckt hat, dass der Mensch generell von verschiedenen sogenannten „inneren Antreibern" gesteuert wird. Viele unserer Verhaltensweisen lassen sich genau auf diese inneren Antreiber zurückführen. Oft lassen sich diese Glaubenssätze auf die Kindheit oder die Jugend zurückführen – wie eben so vieles im Leben.

Man kennt das ja: die Eltern laufen ja selbst bereits mit ihren Antreibern herum und in den ersten Lebensjahren ihres Kindes machen sie nichts anderes, als diese dem eigenen Nachwuchs mit auf den Weg zu geben. Die sitzen jetzt nicht beim Abendessen und sagen: „Hey, wir müssen Kevin noch seine Antreiber vermitteln!" – nein, das passiert einfach so – durch schlichtes vorleben.

Im Laufe des Lebens ändern sich die Antreiber natürlich immer wieder, je nachdem, welche Erfahrungen man macht. Pubertät, erste Beziehung, Job, Familie, Schicksalsschläge etc...alles spielt eine Rolle. Daher können Deine inneren Antreiber in zwei Jahren ganz anders aussehen als heute.

Insgesamt beschreibt Berne fünf dieser Antreiber:

-sei perfekt

-sei schnell

-mach es allen recht

-streng dich an

-sei stark

Keiner dieser Antreiber ist besser oder schlechter als der andere, aber jeder hat Vor-und auch Nachteile. Wichtig ist, primär aber überhaupt einmal zu wissen, welche Antreiber einen selbst steuern.

Dabei ist es natürlich nicht so, dass man nur einen dieser Antreiber hat und die anderen gar nicht vorkommen, es kann auch sein, dass man von zwei dieser Antreiber gleichermaßen „betroffen" ist.

Zu diesem Zweck haben sich glücklicherweise schon einige Leute einen Kopf gemacht und ich kann es mir an dieser Stelle sparen, irgendwo einen Test zu klauen und hier zu veröffentlichen. Öffne einfach Deinen Internet Browser und such in einer Suchmaschine nach „test innerer antreiber".

Ich verspreche Dir: Du wirst Dich vor Tests kaum retten können. Erstaunlich ist nur, wie sich alle ähneln – Du solltest also in den meisten Fällen das gleiche Ergebnis bekommen, ganz egal, für welchen Test Du Dich entscheidest. Wichtig ist nur, dass er einen gewissen Umfang hat. Sollten da nur fünf oder sechs Fragen stehen, ist Skepsis durchaus angebracht. Die meisten dieser Tests bestehen aus ungefähr 50 Fragen.

Wie lauten nun die einzelnen Antreiber und was sind die jeweiligen Vor- und Nachteile:

Sei perfekt!

Menschen mit diesem Antreiber sind meistens sehr sorgfältig und genau. Oft werden sie von ihren Mitmenschen als Perfektionisten bezeichnet.

Demgegenüber steht der Nachteil, dass sie sich nie zufriedengeben, bevor das Ergebnis nicht perfekt ist. Vom 80-20-Prinzip (mit 20 % des Einsatzes 80 % des Outputs zu erzielen) halten sie überhaupt nichts. Sie neigen auch zur Übererfüllung der Aufgaben.

Sei schnell!

Dieser Typus zeichnet sich durch das Treffen rascher Entscheidungen aus und erledigt anstehende Aufgaben prompt.

Die nötige Sorgfalt bleibt jedoch oft auf der Strecke und auch die sozialen Kontakte halten sich in sehr engen Grenzen.

Mach es allen recht!

Diese Menschen sind von einer hohen Sozialkompetenz geprägt. Sie können fast in andere Menschen „hineinsehen" und haben ein großes Einfühlungsvermögen.

Das wird allerdings immer dann hinderlich, wenn es darum geht, auch einmal „NEIN!" zu sagen.

Streng Dich an!

Mit diesem Antreiber klettert man die Karriereleiter schnell nach oben.

Das erzeugt allerdings viel Stress und ist oft mit einer ziemlichen Verbissenheit verbunden.

Sei stark!

Der Starke übernimmt die Verantwortung und bekommt daher auch verantwortungsvolle Jobs übertragen.

Die Gefahr ist allerdings groß, dass es bei Menschen mit diesem Antreiber zu einem gewissen Maß an Selbstüberschätzung kommt. Außerdem kommen diese Menschen meist selbst zu kurz, weil sie der Meinung sind, immer auch für andere da sein zu müssen.

 **TO DO LIST:**

-Finde Deinen inneren Antreiber! Suche Dir dazu einen der zahlreichen Tests im Internet oder analysiere Dich selbst und frage gute Freunde und Bekannte, wie sie Dich einschätzen!

-Suche Dir ein paar Deiner Team-Mitglieder und analysiere, was deren innerer Antreiber ist!

-Suche Dir eine Situation, in der Du von Deinen inneren Antreibern gesteuert wurdest! Überlege Dir, wie Du mit anderen Antreibern reagiert hättest!

-Halte vor gewissen Entscheidungen inne und überlege Dir, ob Du nicht wieder von Deinem inneren Antreiber gesteuert wirst!

Tipp 3: Du hast keinen Führungsstil, Du bist einer!

Was soll denn das jetzt wieder bedeuten? Klar habe ich einen Führungsstil!

So oder so ähnlich war wahrscheinlich Deine erste Reaktion auf diesen Tipp. Das ist verständlich, weil die Thematik der Führungsstile immer geprägt war von der Suche nach dem optimalen Führungsstil, unabhängig von der eigenen Persönlichkeit.

Autoritär, demokratisch, laissez-faire ... glaubst Du wirklich, Du kannst Dir aussuchen, welche Variante Du wählst? Wenn Du authentisch bleiben und anhand Deiner Persönlichkeit führen willst, dann steckt „Dein" Führungsstil schon in Dir.

Viel damit zu tun haben auch die inneren Antreiber, über die wir im vorigen Kapitel philosophiert haben. Mit einem inneren Antreiber „mach es allen recht" wirst Du es kaum schaffen, Dein Team autoritär zu führen.

In den letzten Jahren hat sich die Diskussion über den richtigen Führungsstil etwas gewandelt und der Trend geht eindeutig zum „situativen Führen". In kurzen Worten erklärt: Der Führungsstil ist nicht von der Führungskraft, sondern vom jeweiligen Mitarbeiter abhängig.

Die Theorie des „situativen Führens" haben zwei Amerikaner aufgegriffen und daraus das Reifegradmodell entwickelt.

Der eine war Paul Hersey, ein US-amerikanischer Verhaltensforscher und Unternehmer. Hersey war als Berater für Industrieunternehmen, die Regierung und militärische

Institutionen tätig und gründete in den 60er-Jahren das „Center for Leadership Studies".

Der andere war Ken Blanchard, ein US-amerikanischer Unternehmer und Autor diverser Managementbücher. Er hat unter anderem auch die bekannten „One Minute Manager"-Bücher geschrieben, die sich über 7 Millionen Mal in 20 Sprachen verkauft haben.

Im Zusammenhang mit diesem Thema möchte ich Dir auf jeden Fall das Buch „Der Minuten Manager: Führungsstile: Situationsbezogenes Führen" nahelegen. Blanchard widmet sich hier ausführlich dem Thema Mitarbeiterentwicklung.

Kommen wir nun aber zur Reifegrad-Theorie.

Hier unterscheiden wir zwischen 4 Entwicklungsstufen der einzelnen Mitarbeiter.

Nehmen wir an, Du bekommst einen neuen Mitarbeiter in Dein Team, und nennen wir ihn der Einfachheit halber Norbert Neuling! Norbert hat nun seinen ersten Tag bei Dir und fängt naturgemäß in Stufe eins an. Sehen wir uns nun seine genaue Entwicklung an.

Stufe 1: wenig Kompetenz, hohes Engagement

Unglaublich, wie motiviert dieser Neuling ist. Da freut man sich doch als Vorgesetzter. Aber leider hat er von nichts eine Ahnung. Wichtig in dieser Phase ist, dass Du Neuling an der Hand nimmst und aufgabenorientiert führst. Schütte ihn in dieser Phase nicht zu mit Informationen, sondern führe ihn langsam an die Aufgaben heran und gönne ihm immer wieder kleine Erfolgserlebnisse! In dieser Zeit wählst Du als Führungsstil das **DIRIGIEREN**.

Stufe 2: einige Kompetenz, wenig Engagement

Neuling hat sich ganz gut entwickelt in den ersten Wochen, aber von seiner Anfangseuphorie ist wenig übrig. Klar, die Routinearbeiten macht er schon ganz gut, aber darüber hinaus zeigt er wenig Engagement.Ganz klar: Neuling ist mittlerweile einigermaßen kompetent und daher von seinen bisherigen Aufgaben unterfordert. Es ist an der Zeit, sein Aufgabengebiet entsprechend zu erweitern. Gib ihm also neue Aufgaben, habe aber dennoch ein wachsames Auge auf die Ergebnisse, die Neuling abliefert. Um seine Motivation in dieser Phase zu steigern, ist es ganz wichtig, dass Neuling erkennt, dass er auch eigene Ideen einbringen kann.

Frage ihn daher, ob er der Meinung ist, dass es bessere Möglichkeiten gebe, seine bisherigen Aufgabengebiete zu erfüllen, und ermutige ihn zur freien Meinungsäußerung! Diese Phase des Führens nennt man **TRAINIEREN**.

Stufe 3: hohe Kompetenz, schwankendes Engagement

Norbert ist nun schon seit ein paar Monaten in Deinem Team. Ja genau, Norbert. Du hast ihm mittlerweile das Du-Wort angeboten. Redet sich ja gleich viel leichter so. (Anmerkung: Das ist in dieser Story passend, aber natürlich von unterschiedlichen Faktoren, vor allem aber der Unternehmenskultur, abhängig.)

Norbert erfüllt seine Aufgaben bravourös und hat mit seinen unkonventionellen Ideen auch schon einiges an Effizienzsteigerung gebracht.

Allerdings sind seine Motivations-schwankungen ziemlich auffällig. Manchmal hat man den Eindruck, er wolle alles niederreißen, am nächsten Tag verkriecht er sich in eine Ecke und ist auch bei den Team-Meetings passiv. „Warum?", wirst Du

Dich fragen. Norbert weiß, dass er mittlerweile einen hohen Kompetenzgrad hat, und fühlt sich von Dir zu wenig einbezogen. Die Frage nach seiner Meinung ist mittlerweile zu wenig. Wichtig ist jetzt, dass Du Norbert bei einigen Entscheidungen ernsthaft miteinbeziehst und ihn so auch moralisch stützt. Nur so ist es möglich, ihn dauerhaft zu motivieren. In dieser Phase besteht die größte Gefahr, Norbert wieder zu verlieren, da er mit seinem Wissen auch in anderen Abteilungen gefragt ist und ihm dort eventuell auch größere Wertschätzung entgegengebracht wird. Sei also auf der Hut und rede offen mit Norbert über diese Dinge und seine Wichtigkeit im Team! Diese Phase der Führung nennt man **SEKUNDIEREN**.

Stufe 4: hohe Kompetenz, hohes Engagement

Norbert ist mittlerweile schon über zwei Jahre bei Dir und eine der tragenden Säulen in Deinem Team. Allerdings kommt es in Team-Meetings immer wieder vor, dass er Dir vor versammelter Mannschaft widerspricht. Das hat er auch schon in der Vergangenheit getan, allerdings immer nur dann, wenn er wirklich der Meinung war, dass er im Recht ist. In letzter Zeit hast Du aber immer wieder den Eindruck, dass er sich einfach nur mit Dir „anlegen" will.

Es ist an der Zeit, Norbert ein paar von Deinen Aufgaben zu delegieren. Dann kann er auch Deine Situation besser verstehen und fühlt sich durch die Übertragung der Verantwortung wertgeschätzt. Wichtig ist jetzt, dass Du Norbert die Verantwortung auch wirklich überträgst und das Vertrauen in ihn setzt, dass er die übertragenen Aufgaben erfolgreich meistern wird.

Diese letzte Phase der Führung nennt man **DELEGIEREN**.

Klar, nicht jeder Mitarbeiter ist wie Norbert. Einige werden länger in Phase 1 stecken bleiben, andere dafür wieder schneller in Phase 4 gelangen, während wiederum andere vielleicht nie so weit kommen. Wichtig als Führungskraft ist hier das ständige Hinterfragen, in welcher dieser vier Phasen sich der jeweilige Mitarbeiter gerade befindet. Du wirst die Situation sicher nicht von Anfang an immer richtig beurteilen können, aber alleine die Reflexion darüber hilft schon sehr viel weiter und ist meiner Meinung nach bereits der halbe Weg.

Also noch einmal zusammengefasst:

DIRIGIEREN – TRAINIEREN – SEKUNDIEREN – DELIGIEREN

Ein kleiner Nachteil dieser Art der Führung soll an dieser Stelle natürlich auch nicht unerwähnt bleiben: Du wirst in den Ruf gelangen, Deine Leute unterschiedlich zu behandeln. Hier hilft nur, mit den Leuten zu reden und ihnen ihre unterschiedliche Situation im Team zu erklären. Das kann in letzter Konsequenz auch sehr motivierend wirken.

 **TO DO LIST:**

-Sieh Dir Dein Team an und analysiere, in welcher Phase sich jeder einzelne Mitarbeiter befindet!

-Suche Dir ein paar davon aus, bei denen es Zeit ist, sie in die nächste Phase zu bringen!

-Überlege Dir, welcher Führungsstil Du bist! Wofür stehst Du? Was sind Deine Ideale? Was lehnst Du ab? Beantworte diese Fragen auf einem Blatt Papier und lege es zu dem Blatt von Tipp 1!

Tipp 4: Überlege Dir, was von Deinem Team erwartet wird!

Das ist doch sonnenklar, was von meinem Team erwartet wird. Es soll seine Aufgaben erfüllen und seine Ziele erreichen! Was denn sonst, bitteschön?

Klar, dass das Team seine Aufgaben erfüllen muss, versteht sich von selbst. Doch neben diesen sogenannten Hard Facts gibt es eine Menge Soft Facts, auf die es ebenso ankommen kann.

Vergleichen wir das einmal mit einem Fußballspiel. Eine Mannschaft bekommt einen Freistoß nahe dem gegnerischen Tor zugesprochen. Die grundsätzliche Erwartung der Fans in diesem Augenblick ist natürlich, dass irgendein Spieler der Mannschaft den Ball im Tor versenkt.

Doch nun hat diese Mannschaft in der letzten Saison auch noch einen Freistoß-Spezialisten engagiert, von dem man es gewöhnt ist, dass er den Ball elegant ins Kreuzeck zirkelt. Die Fans freuen sich zwar sicher, wenn der Ball im Tor ist, so richtig glücklich werden sie aber erst sein, wenn der Freistoß-Spezialist den Ball ins Kreuzeck ballert.

Nun kennst natürlich auch Du die Ziele Deines Teams. Aber hast Du Dich schon gefragt, worauf es Deinen Kunden oder Kollegen aus anderen Abteilungen bei der Zusammenarbeit mit Deinem Team wirklich ankommt?

Das Team kann für viele gute Eigenschaften stehen:

-Vielleicht ist es die hohe Qualität, mit der die Anforderungen erfüllt werden.

-Oder vielleicht ist es das Tempo, von dem sich andere beeindruckt zeigen.

-Es gibt noch eine Menge andere Faktoren, die entscheidend sein können: Freundlichkeit, Lockerheit, Termintreue, Kompetenz, Begrüßungsform, Erscheinungsbild, Wartezeit am Telefon...

Mache diese Soft Facts ausfindig, indem Du alle befragst, die mit Deinem Team in Verbindung stehen!

Kundenzufriedenheit basiert größtenteils auf subjektiven Eindrücken. Vielleicht hat einmal ein Mitarbeiter den Sonderwunsch eines Kunden erfüllt, während ein anderer Mitarbeiter diesen Wunsch verweigert hat, weil er einfach der Meinung war, dass dieser nicht wichtig ist.

Frage daher Deine Team-Mitglieder ebenfalls, was sie denken bzw. wo die Erwartungen liegen, und gleiche diese beiden Bilder miteinander ab! Informiere Dein Team bei Abweichungen über die unterschiedlichen Darstellungen und mache jedem Einzelnen klar, worauf es bei seiner Arbeit ankommt!

Wenn Dein Team derzeit wirklich nur dafür steht, dass es seine Aufgaben erfüllt, hast Du hier die Chance, Dich mit etwas Besonderem zu positionieren und damit einzigartig zu machen.In diesem Fall kannst Du ja Deine Kunden fragen, was sie von Deinem Team erwarten würden, und so entsprechend darauf reagieren.

Wie wichtig dieser Tipp ist, lässt sich auch anhand einer ganz einfachen Formel erklären:

Kundenerwartung

– Erfüllung der Kundenerwartung

= Kundenzufriedenheit

Oder anders ausgedrückt: Je besser man die Erwartungen der Kunden erfüllen kann, desto höher ist auch der Grad der Kundenzufriedenheit. Das ist das ganze Geheimnis ... klingt doch zumindest in der Theorie ganz einfach!

Noch ein Zusatztipp am Rande zum Abschluss dieses Kapitels: Mache jedem in Deinem Team als Deine Erwartungshaltung klar, dass Du davon ausgehst, dass jeder seine persönliche Höchstleistung abruft, um seinen Teil zum Erfolg des Teams beizutragen.

So hast Du für den Fall, dass Du einmal den Eindruck gewinnst, dass dies in einer bestimmten Situation nicht so ist, mit Deiner abgegebenen Erwartungshaltung einen Anker gesetzt, auf den Du Dich in Team-Meetings und auch in Einzelgesprächen immer wieder berufen kannst.

 **TO DO LIST:**

-Überlege Dir, auf welche Soft Facts es in Deinem Team ankommt!

-Frage dazu ein paar Deiner Mitarbeiter, worauf es ihrer Meinung nach bei Euch ankommt!

-Frage ebenso ein paar zufriedene Kunden, was den Grad der Zufriedenheit bei ihnen ausmacht!

-Beobachte andere Teams und/oder Unternehmen und sieh Dir deren Soft Facts an!

Tipp 5: Du führst in erster Linie Menschen und nicht „das Team"!

Dein Team besteht aus einer Vielzahl von Menschen, die alle unterschiedliche Eigenschaften, innere Antreiber, Motivationen und Glaubenssätze haben. Du kannst daher nicht alle Team-Mitglieder über einen Kamm scheren.

Weitere Tipps von mir in diesem Buch werden sich noch mit den unterschiedlichen Typologien und dem Rollenverhalten einzelner Mitglieder im Team beschäftigen.An dieser Stelle will ich Dir aber die folgenden Apelle mit auf den Weg geben:

„Zeige vor jedem im Team Respekt und Anerkennung für seine Arbeit!"

Jeder in Deinem Team will wahrgenommen werden und will, dass seiner Arbeit und seiner Person Wertschätzung entgegengebracht wird.Zu Recht — schließlich gehen wir ja seit dem letzten Kapitel davon aus, dass jeder im Team seine persönliche Höchstleistung abruft, um seinen Teil zum Erfolg des Teams beizutragen. Und diese Höchstleistung gehört natürlich auch entsprechend gewürdigt.

Scheue Dich nicht davor, die Leistung Deiner Mitarbeiter auch einmal mit einem Lob zu würdigen. Dabei gibt es allerdings ein paar Regeln zu beachten, damit ein Lob von Dir auch dauerhaft Wirkung zeigt:

Zunächst einmal solltest Du Dein Lob immer persönlich überbringen und nicht durch eine dritte Person ausrichten lassen. Das gesprochene Wort zählt hier außerdem immer noch mehr als eine schriftliche Botschaft oder eine Nachricht auf der Mailbox.

- Grundsätzlich solltest Du das Lob auch immer nur unter vier Augen aussprechen. Klar, dadurch geht dem Team-Mitglied die Anerkennung vor den anderen verloren, aber Du vermeidest Missstimmung unter den anderen Kollegen.
- Das Loben sollte auch nicht zur Selbstverständlichkeit werden, sondern immer einen konkreten Hintergrund haben. Lobe niemand dafür, wie er ist, sondern dafür, was er geleistet hat. Konkretisiere Dein Lob auch immer so gut wie möglich.
- Und zum Abschluss: lobe die guten Leistungen nicht erst Wochen später, sondern unmittelbar nach der erbrachten Leistung und verwende das Lob auf keinen Fall dazu, eine Kritik anzuhängen, die Du ohnehin schon lange loswerden wolltest.

Wenn Du dieses Mittel maßvoll einsetzt, wirst Du sehen, wie die Motivation und der Wille zur Höchstleistung bei den Mitarbeitern in Deinem Team immer mehr steigen wird.

 **TO DO LIST:**

-Überlege Dir, welche Mitarbeiter in letzter Zeit gute Leistungen erbracht haben, die von Dir nicht gewürdigt wurden.

-Sprich diesen Mitarbeitern in einem 4-Augen-Gespräch ein Lob für ihre Leistung aus.

-Versuche eine Möglichkeit zu finden, wie Du künftig nicht darauf vergisst, die guten Leistungen Deines Teams entsprechend zu loben.

Tipp 6: Erkenne die unterschiedlichen Typen in Deinem Team!

Unglaublich, wie unterschiedlich die Menschen doch sind. Diese Weisheit gilt auch für die Mitarbeiter in Deinem Team. Daher ist es wichtig, Deine Team-Mitglieder gewissen Grundtypen zuzuordnen und sie natürlich auch dementsprechend einzusetzen.

In diesem Kapitel stelle ich Dir vier verschiedene Typen vor. In der Praxis ist es natürlich so, dass diese Typologien in der vorgestellten Extremform nur sehr selten vorkommen und eher Mischformen vorherrschen. Dennoch erfordert die genaue Zuordnung natürlich die Kenntnis über diese Extremtypen, da Du ja daraus auch erst die Mischformen ableiten kannst.

Die 4 Grundtypen:

-der Sammler

-der Macher

-der Kreative

-der Kontrolleur

Der Sammler

Der Sammler will wissen, über welche Informationen man bereits verfügt und welche noch fehlen. Er lebt in einer Welt von Informationsquellen und Statistiken und weiß in der Regel auch immer, wo man Informationen her bekommt.Es bereitet ihm eine tierische Freude, das Team mit Informationen zu versorgen.

Wenn es allerdings darum geht, diese Informationen zu ordnen und das Wichtige heraus zu filtern, lässt seine Begeisterung stark nach. Seiner Meinung nach hat er alles Notwendige getan, damit nun andere ihre Arbeit machen können.Der Sammler gilt daher auch eher als umsetzungsschwach.

Der Macher

„watmutdatmut" ist die Devise des Machers. Wenn etwas getan werden muss, dann geht es für ihn nur noch darum, in welcher Reihenfolge.Er drängt auf Entscheidungen und hält sich nicht lange mit Nebensächlichkeiten auf. Schließlich soll keine unnütze Zeit vergeudet werden.

Der Macher ist der, der für Ergebnisse im Team sorgt. Auf der anderen Seite haftet ihm ein Mangel an Erneuerungskraft an. Nach alternativen Lösungen suchen oder die Einholung von Zusatz-informationen ist nicht seine Welt. Dafür gibt es schließlich andere und es verzögert nur die Zeit bis zur Umsetzung.

Der Kreative

Der Kreative hat laufend neue Ideen und träumt davon, was möglich wäre, wenn man nur könnte, wie man wollte. Wenn da nicht immer nur diese Vorschriften, Ziele und Konventionen wären, ärgerlich ...

Er ist immer dann wichtig, wenn es gilt, etwas Neues zu entwickeln. Er zeichnet sich dadurch aus, dass er keine Scheuklappen hat und den niedrigsten Grad der Betriebsblindheit unter allen Team-Mitgliedern aufweist.

Er ist die ideale Besetzung für Brainstormings. Ähnlich wie der Sammler ist aber auch er kein „Macher" und „Umsetzer". Ob seine Ideen und Visionen realisierbar sind, interessiert ihn auch nur am Rande. Er hat doch bereits die Vision in den Raum gebracht, das muss doch reichen, nun sind wieder andere dran, wozu gibt es denn schließlich den Macher.

<u>Der Kontrolleur</u>

Wenn etwas durch die kritische Prüfung des Kontrolleurs kommt, dann ist es wirklich reif zur Umsetzung. Oder zerpflückt bis zur Unkenntlichkeit.

Er ist der Feind der 80/20-Lösung. Bei ihm muss immer alles genau durchdacht und alle Eventualitäten müssen berücksichtigt sein.Er verhindert, dass im Team voreilig und unüberlegt gehandelt wird.

Auf der anderen Seite handelt er sich auch schnell den Spitznamen „Bremser" ein und verbreitet durch seine (vermeintliche) Kontrahaltung schlechte Stimmung im Team.

Und? Hast Du bereits den einen oder anderen wiedererkannt und dabei schmunzeln müssen?Oder hast Du gar die Beschreibung von Dir selbst gelesen?Was bist Du denn für ein Typ? Wenn ich mich einordnen müsste, dann sehe ich am ehesten den Macher in mir. Alle anderen Typen sind zwar auch vorhanden, allerdings in wesentlich geringerem Ausmaß.

Mit diesem Wissen kann ich mich aber zumindest immer wieder selbst einfangen und mir bewusst machen, dass gewisse Situationen eben auch andere Vorgehensweisen erfordern.

Welcher Typ für welche Aufgaben am besten geeignet ist, darum geht es im nächsten Kapitel.

 **TO DO LIST:**

-Überlege Dir, welcher Typ Du bist!

-Analysiere Deine Team-Mitglieder und ordne ihnen ebenfalls einen entsprechenden Typ zu!

Tipp 7: Setze die Menschen entsprechend ihren Fähigkeiten ein!

Da Du nun weißt, welche unterschiedlichen Teamtypen es gibt, ist es sehr leicht, ihnen auch die richtigen und passenden Aufgaben zuzuweisen.das bringt einerseits den Leuten mehr Spaß, weil sie das tun dürfen, was sie auch gerne machen, und bringt Dir eine Menge Effizienz, weil die Leute das tun, was sie können.

Um ein erfolgreiches Team zu haben, ist eine ausgewogene Mischung der vier Typen sehr wichtig. Klar, es macht einen Unterschied, welches Arbeitsziel das Team hat. Eine Marketing-Abteilung braucht einen größeren Anteil an kreativen Mitarbeitern, während eine Buchhaltungs-Abteilung mehr Kontrolleure benötigt und ein Bautrupp braucht neben einem kontrollierenden Polier jede Menge Macher.

Natürlich ist diese Methodik nicht immer und überall einsetzbar. Oft haben in einem Team alle die gleiche Aufgabe. Dennoch sind oft schon Nuancen entscheidend und selbst bei gleichen Job-Descriptions verhält sich ja die Praxis oft ganz anders. Der Job ist schließlich genau das, was jeder Einzelne daraus macht.

Gehen wir nun einfach den Kreislauf durch, der im Berufsleben auftreten kann, und ordnen wir die Tätigkeiten den einzelnen Typen zu.

Zunächst einmal gilt es, ein Problem wahrzunehmen. Dafür braucht man noch keine besonderen Fähigkeiten und die Wahrnehmung kann durch ganz unterschiedliche Situationen und Reize erfolgen. Daher können wir diesen Schritt keinem bestimmten Typen zuordnen.

Ganz anders sieht die Situation schon aus, wenn es darum geht, das vorhandene Problem zu beschreiben und in Worte zu fassen. Das ist eindeutig die Sache des Sammlers und des Kontrolleurs.

Danach gilt es, für das erkannte und beschriebene Problem Alternativen zu entwickeln. Nun ist endlich die Zeit des Kreativen gekommen. Er wird darin aufgehen, eine Fülle von Möglichkeiten aufzuzeigen.

Mit seinen Möglichkeiten liefert er dem Kontrolleur eine Steilpass-Vorlage, wenn es darum geht, die richtige daraus auszuwählen. Er wird so lange alles checken, bis auch wirklich der letzte Zweifel ausgeräumt ist, dass es sich bei seiner ausgewählten Methode um die beste handelt.

Jetzt ist die Zeit der Ruhe für den Kreativen und den Kontrolleur gekommen, denn jetzt muss erst einmal ein Aufgabenplan zur Umsetzung entwickelt werden. Für den Macher heißt das: Ärmel aufkrempeln und loslegen. Nichts und niemand kann ihn dabei stoppen.

Auch nicht im nächsten Arbeitsschritt. Jetzt gilt es nämlich, die Aufgaben aus dem Plan zu verteilen und auch dafür ist der Macher wie geschaffen. Die einzige Gefahr ist, dass er gar nichts verteilt, sondern gleich alles selbst machen will.

Nun sind wir endlich wieder produktiv und die Aufgaben werden ausgeführt. Dabei ist keiner besser oder schlechter, sondern jeder geht auf seine Art und Weise zu Werke.

Abschließend muss jetzt nur noch gecheckt werden, ob der Erfolg, den sich alle von der Innovation versprochen haben, auch wirklich eingetreten ist. Du hast es wahrscheinlich schon erraten: Klare Sache für den Kontrolleur – und nichts und niemand kann ihn dabei stoppen.

Ich weiß natürlich, dass das jetzt alles sehr vereinfacht dargestellt ist und keineswegs den Tücken Deines komplizierten Jobs in der Praxis standhält. Sei froh, denn man hätte ja auch nicht Dich engagiert, wenn es so einfach wäre, sondern irgendeinen Roboter, der alles nur steuert.

Aber als Grundgerüst kannst Du diesen Arbeitskreislauf dennoch immer wieder heranziehen und in regelmäßigen Abständen hinterfragen, ob jedes Deiner Team-Mitglieder wirklich richtig eingesetzt ist.

Dein Vorgesetzter UND Deine Mitarbeiter werden es Dir danken.

 **TO DO LIST:**

-Sieh Dir die Zuordnungen Deines Teams noch einmal genau an und analysiere: Herrscht Ausgewogenheit in der Verteilung der einzelnen Typen?

-Was denkst Du: Sind alle Mitarbeiter an der richtigen Position eingesetzt?

-Überlege Dir: Wie gehst Du mit Deiner Typisierung um? Bist Du für Deine Aufgaben optimal geeignet oder solltest Du gewisse Aufgaben delegieren und dafür andere übernehmen?

Tipp 8: Analysiere, wer in Deinem, Team welche Rolle spielt!

In diesem Kapitel widmen wir uns Schindlers Liste. Aber nicht so, wie Du jetzt vielleicht denkst. Ich meine Raoul Schindler, einen der zahlreichen Wiener Psychoanalytiker, der das Interaktions-Modell der Rangdynamik entwickelt hat.

Keine Sorge, das klingt im ersten Moment komplizierter, als es tatsächlich ist.Schindler unterscheidet grundsätzlich vier verschiedene charakteristische Rollen in Gruppen:

- -Alpha-Typ
- -Beta-Typ
- -Gamma-Typ
- -Omega-Typ

Der Alpha-Typ

Er hat den Ruf des klassischen Anführers und steht im Mittelpunkt der Aufmerksamkeit. Der Alpha-Typ gibt die Ziele, die Normen und das Tempo im Team vor. Er ist der Motivator, Vermittler und Ermahner und repräsentiert die Wertewelt des gesamten Teams.

Sein Problem: Wenn er zu schwach ist, wird er sofort abgelöst. Das Interessante dabei ist, dass der Alpha-Typ nicht der eigentliche Vorgesetzte sein muss, der laut Organisation dafür ausgewählt wurde, sondern der, den das Team oder die Gruppe dafür ausgewählt hat. Ist die „echte" Führungskraft in der Gruppe zu schwach, wird sie im und für das Team durch eine charismatischere Persönlichkeit ersetzt.

Der Beta-Typ

Er tritt oft als Experte oder Berater auf. Wegen seines Fachwissens genießt er hohes Ansehen im Team und führt hinter den Kulissen die Geschicke. Oft ist er es, der auch die Funktion des Teampsychologen oder im Falle von Konflikten die Mediatorrolle übernimmt und den Zeremonienmeister bei Veranstaltungen stellt.

Man bezeichnet den Beta-Typ auch als den „leisen Weisen". In der Praxis erkennt man solche Leute oft daran, dass sie immer genau wissen, zu wem sie gehen müssen, wenn sie eine Information benötigen oder auch dadurch, dass sie unter ihrem Schreibtisch eine große Kiste mit allen möglichen Informationen stehen haben.

Der Gamma-Typ

Beim Gamma handelt es sich um den klassischen treuen Weggefährten. Er folgt zuverlässig den Anweisungen seines Vorgesetzten und hat immer ein offenes Ohr für die anderen Team-Mitglieder. Bei Festen sieht man ihn oft Bierkisten schleppen. Das und viele andere Eigenschaften machen ihn sympathisch und allseits beliebt.

In einem Schachspiel wäre er wohl ein Bauer.Treu im Bund neben den anderen, immer bereit, seine Aufgaben zu erfüllen. Auch wenn es immer nur ein Feld vorwärts ist.

Anders ausgedrückt: der Gamma macht genau das, wofür das Team geschaffen wurde. In einem Buchhaltungs-Team widmet er sich Buchhaltungsaufgaben, bei einem Bautrupp widmet er sich einer bestimmten Aufgabe am Bau. Wenn ein Team einigermaßen funktionieren soll, dann sollte es zu großen Teilen aus Gammas bestehen.

Der Omega-Typ

Dabei handelt es sich um den klassischen Außenseiter und Quertreiber. Er kritisiert und nörgelt, was das Zeug hält. Er redet nicht mit jedem, sondern fast ausschließlich mit dem Alpha im Team. Er ist der klassische Outlaw in der Gruppe. Doch diese Zuordnung ist unfair und ungerecht. Denn im tiefsten Inneren ist er es, der den Wandel und die Veränderung anstrebt und vorantreibt. Er ist also nur vordergründig ein schlechter Mensch und schadet der Gruppe. Eine gute Führungskraft ist sich aber immer der Qualitäten seines Omega bewusst.

Ein Omega schlüpft aus unterschiedlichen Gründen in diese Rolle: vielleicht wurde er einmal bei einer wichtigen Entscheidung übergangen oder er ist mit der aktuellen Führungskraft nicht einverstanden etc.Vor allem gibt es für diesen Typen auch ein Phänomen: Ist er einmal nicht mehr da, wird er automatisch durch ein anderes Team-Mitglied ersetzt.Daher mein Tipp an Dich: „knowyourenemy!"

Behalte Dir als Führungskraft Deinen aktuellen Omega. Ihn kannst Du einschätzen und im Zaum halten. Wer weiß, wer ihm folgen würde...

Wenn Du Dir nun die Frage stellst, wie viele von den einzelnen Typen man im Team braucht, um voranzukommen, kann ich Dir nur den guten Tipp geben, dass es auf die gesunde Mischung ankommt. Jeder einzelne Typus hat schließlich eine wichtige Funktion.

Meine Erfahrungen zeigen aber, dass es ratsam ist, maximal einen Alphatyp in der Gruppe zu haben. In Ausnahmefällen können es auch zwei sein, doch die müssen wirklich gut harmonieren. Bedenke auch, dass Du nicht der Alpha sein musst, aber davon erzähle ich Dir im nächsten Kapitel noch etwas mehr!

Ebenso sollte Dein Team über maximal zwei Omegas verfügen. Sonst könnte es für alle wirklich unerträglich werden und die Stimmung könnte dauerhaft kippen.

Deine guten Gammas solltest Du fördern und mittelfristig zu Betas machen.

Letztendlich ist aber auch immer alles von der Aufgabe und der Größe des Teams abhängig. Daher rate ich Dir, diese Tipps nur als Rahmen zu sehen und hier Deinen eigenen Idealweg zu finden.

Zum Schluss noch eine Randnotiz dazu: Derjenige, der in einer Gruppe der Alpha ist, kann in einer anderen Gruppenkonstellation durchaus auch Beta, Gamma oder Omega sein etc.

 **TO DO LIST:**

-Analysiere Deine Team-Mitglieder und weise jedem Einzelnen seine Team-Rolle zu!

-Bringe das Ganze in eine graphische Form, mit der Du gut arbeiten kannst!

-Sieh Dir die Verteilung der Rollen an! Ist die Verteilung in Ordnung oder besteht Handlungsbedarf?

-Überlege Dir, welche Gammas Du in nächster Zeit zu Betas machen könntest!

Tipp 9: Überlege Dir, welche Rolle Du in Deinem Team spielst!

Wie schon kurz angedeutet: Um ein guter Team-Manager zu sein, ist es nicht zwingend erforderlich, die Alpha-Rolle einzunehmen.

Dennoch gibt es gute und weniger gute Positionen für den Job.

Die erste und auch oftmals angewendete Methode ist es, im Team die Alpha-Rolle innezuhaben. Das hat einerseits den Vorteil, dass Du die unumstrittene Führungsrolle im Team hast. Auf der anderen Seite bringt es Dich oftmals in Konfliktsituationen mit Deinem Omega und Dir fehlt der nötige Weitblick für weitreichende Entscheidungen.

Aus der Beta-Position wird das Team besonders oft geführt, wenn die Führungskraft aus dem Team hervorgeht. Früher war die Person als Fachexperte bekannt und auch heute nimmt sie als Team-Manager diese Funktion immer noch wahr und wird wegen ihrer Kompetenz geschätzt.

Zwei Auffälligkeiten sind hier besonders zu bemerken. Die Team-Mitglieder helfen sich oft nicht gegenseitig, sondern suchen sich ihren Rat einzig und allein bei der Führungskraft. Sie entwickeln sich dabei nur selten weiter, sondern kommen das nächste Mal mit der gleichen Frage wieder. Außerdem kommt es auch noch sehr häufig vor, dass der Team-Manager Fachaufgaben selbst durchführt, weil er schließlich selbst sein bester Mitarbeiter ist. Die Konsequenzen dieses Handelns liegen auf der Hand: Es wird zu wenig Zeit bleiben, um das Team weiterzuentwickeln und sich um seine Führungsaufgaben zu kümmern.

Fast unmöglich wird es, das Team aus der Gamma-Rolle zu managen. Spätestens bei den ersten fachlichen Herausforderungen, die das Team zu meistern hat, wird die Kumpelrolle einfach nicht mehr ausreichen. Ich sage nicht, dass es ganz unmöglich ist, aber es erfordert ein hohes Maß an sozialer Kompetenz, damit man aus dieser Position führen kann.

Auf Dauer wird es wahrscheinlich auch aus der Omega-Rolle unbequem, ein Team zu führen. Wie glaubwürdig ist man, wenn man ständig alles nur kritisiert und als Outlaw auftritt? In der Anfangsphase kann das zielführend sein, um einige Veränderungen im Verhalten des Teams zu bewirken, aber langfristig sollte man sich aus dieser Position verabschieden.

Es ist aber auch möglich, das Team aus keiner dieser Positionen zu managen. Meiner Meinung nach ist es sogar nicht nur möglich, sondern die beste aller Varianten.

Die ideale Position ist aus meiner Sicht die Beobachter- oder auch Schiedsrichterrolle.

Nimm einen kleinen Respektabstand zu Deinem Team ein und beobachte das Geschehen! Greife ein und steuere, wenn etwas aus dem Ruder läuft, lasse aber sonst den Dingen ihren Lauf!

Das hat den Vorteil, dass Du unangreifbar bist. In jeder anderen Rolle hast Du Konkurrenten oder einen Gegenspieler. In der Beobachterrolle bist Du sicher. Klar, Du bist keiner von ihnen mehr, aber mach Dir nichts vor: Sobald Du die offizielle Führungsrolle in einem Team übernimmst, bist Du das für die anderen Team-Mitglieder ohnehin nicht mehr.

Viele führen aus dieser Position sehr gut, es gibt nur einen Kardinalsfehler, den einige dabei begehen: Sie haben einen zu großen Abstand zum Team gewählt und so den Kontakt verloren. Diese Manager erkennt man daran, dass sie sich entweder hinter ihrem Computer verkriechen oder auf irgendwelchen Meetings sind, von denen das Team nie etwas mitbekommen wird.

Anders ausgesprochen: es ist alles eine Frage der richtigen Flughöhe. Fliegst Du zu niedrig, bist Du zu nah am Geschehen und hast keinen Überblick – fliegst Du dagegen zu hoch, erkennst Du nicht mehr, was am Boden vor sich geht.

Zusammengefasst kann man sagen, dass Team-Management grundsätzlich aus allen Positionen möglich ist, wichtig ist aber vor allem selbst zu wissen, in welcher Position man sich befindet. Viele Manager und auch ich persönlich bevorzugen die Führung aus der Beobachterrolle. Ob auch Du diese wählst, liegt aber letztendlich in Deinem Ermessen.

Teste einfach einige Positionen aus und Du wirst merken, in welcher Rolle Du Dich am wohlsten fühlst!

 **TO DO LIST:**

-Überlege Dir, welche Rolle Du in Deinem Team innehast.

-Analysiere, was in Deiner individuellen Situation die Vor- und Nachteile Deiner Rolle sind.

-Denke nach, ob Du das Team weiterhin aus dieser Rolle führen oder lieber eine andere Rolle einnehmen willst.

Tipp 10: Sei Dir der Beziehungen in Deinem Team bewusst!

Um Dein Team effektiv managen zu können, musst Du wissen, in welcher Beziehung die einzelnen Team-Mitglieder zueinander stehen.Dabei spricht man auch oft vom inneren Organigramm, das sich von der offiziellen und gewünschten Variante wesentlich unterscheiden kann.

Wichtig ist, dass Du Dir die folgenden Fragen beantworten kannst:

-wer kann mit wem sehr gut?

-wer kann gar nicht miteinander?

-gibt es Grüppchenbildungen?

-gibt es Ausgeschlossene?

-wo lauern Konflikte?

Kennst Du dieses Beziehungsgeflecht nicht, kann es passieren, dass Du völlig am Team vorbeilebst und Deine Maßnahmen wirkungslos verpuffen oder noch schlimmer, zu noch größeren Problemen und Konflikten führen.

Das ist auch der Grund, warum ich Dir im vorigen Kapitel erzählt habe, dass ich ein Team am liebsten aus der Beobachterrolle führe. Diese Position gibt mir die größtmögliche Flexibilität in der Einschätzung und Beantwortung der vorhin gestellten Fragen.

Lass Dich aber auch nicht von einzelnen kleinen Vorfällen entmutigen – in der Dynamik moderner Unternehmen ist es durchaus normal, dass nicht immer alles in Frieden und Harmonie verläuft.

Es gibt auch einige klare Anzeichen, dass irgendetwas im Team nicht stimmt. Hier ein paar ausgewählte davon:

-Die Verfolgung von persönlichen Zielen geht auf Kosten von Teamzielen; die Team-Mitglieder identifizieren sich nicht mit den vorgegebenen gemeinsamen Zielen.

-Es gibt Klagen darüber, dass die Teamorientierung nicht glaubhaft vorgelebt wird (zum Beispiel von Dir).

-Es gibt einen Mangel an Engagement und Eigeninitiative und manche Team-Mitglieder wirken demotiviert oder apathisch.

-Man hält sich nicht an getroffene Entscheidungen oder sie werden lustlos in die Tat umgesetzt.

-Besprechungen verlaufen ineffektiv, es herrscht mangelnde Disziplin und die Vorgehensweise ist nicht systematisch.

-Man spricht einfach nicht mehr genug miteinander.

Kommen Dir diese Dinge bekannt vor? Keine Sorge, damit stehst Du nicht alleine da. Überall, wo Menschen zusammenarbeiten, „menschelt" es natürlich auch.

Wie auch immer sich das Team im Moment darstellt: Es ist ganz wichtig, für die Zukunft eine Atmosphäre von gegenseitigem Respekt und Vertrauen aufzubauen. Denn mit dieser Grundstimmung schaffst Du die beste Voraussetzung dafür, dass das Team seine Aufgaben zur Zufriedenheit aller erledigt und die vorgegebenen Ziele erreicht.

Der Schlüssel zur Lösung liegt hier also immer im Vertrauen und in vertrauensbildenden Maßnahmen. Dieses Vertrauen bekommt man nicht geschenkt, man muss es sich erarbeiten.Für Dich als Team-Manager bedeutet das, dass Du eine Atmosphäre schaffen musst, in der auch Fehler gemacht werden dürfen, ohne dass gleich jemand ausrastet.

Außerdem ist es ein großer Vertrauensbeweis, wenn man seinen Mitarbeitern immer wieder größere Aufgaben überträgt. Hier kommen wieder die Tipps aus Kapitel 3 zum Tragen. Hol den Mitarbeiter dort ab, wo er ist, aber gib ihm auch die Chance zu wachsen!

Im persönlichen Umgang solltest Du Deinen Team-Mitgliedern zeigen, dass Du ein verantwortungsbewusster Mensch bist und auch zu Deinem Wort stehst.

Überlege Dir immer wieder, ob Deine Handlungen auch Vertrauen aufbauen, denn ein Vertrauensbruch ist immer gravierend und kann eine Beziehung für lange Zeit oder auch dauerhaft zerstören. Ein solcher Vertrauensbruch kann auch schon ein gebrochenes Versprechen sein.

Sehr beliebt in diesem Zusammenhang sind natürlich auch Workshops, die das Teambuilding vorantreiben, in denen vertrauensbildende Maßnahmen eingebaut sind und in denen sich die Team-Mitglieder besser kennenlernen und vor allem auch lernen, sich gegenseitig zu vertrauen.

Die Möglichkeiten hier sind vielfältig und eine kurze Internetrecherche zeigt Dir diese auch auf. Mir persönlich gefällt zum Beispiel die „Floß-Idee" sehr gut: Hier baut das Team ein eigenes Floß und muss dann damit ans andere Ufer eines Sees fahren.

Aber wie gesagt, es gibt so viele Angebote, dass sicher auch Du das passende für Dein Team und Dich findest.

 **TO DO LIST:**

-Versuche, Euer inneres Organigramm auf einem A4-Blatt aufzuzeichnen! Sieh Dir dazu noch einmal die fünf Fragen am Anfang dieses Kapitels an!

-Betrachte das innere Organigramm und analysiere, wie es um Dein Team steht! Läuft alles gut oder gibt es Brandherde?

-Überlege Dir, welche vertrauensbildenden Maßnahmen bei Euch möglich wären!

Tipp 11: Löse Konflikte in Deinem Team frühzeitig!

Konflikte! Für viele Menschen ein unangenehmes Thema. Persönlich bin ich ja auch eher jemand, der meint, die Konflikte werden sich schon von selbst lösen. Durch meine Erfahrung weiß ich natürlich, dass das in der Praxis nie der Fall ist.

Die Bearbeitung und Lösung von Konflikten ist das Um und Auf im Team-Management!

Was ist denn jetzt eigentlich ein Konflikt? Ist das automatisch etwas Schlechtes? Nein, ist es nicht. Wenn wir davon ausgehen, dass sich die heutige Bezeichnung aus dem lateinischen „conflictus" ableitet, dann bedeutet es nichts anderes als „Zusammenstoß". In einem Team stößt ständig etwas zusammen: am häufigsten wohl zwei oder noch mehr unterschiedliche Meinungen.

Der Wiener Ökonom Friedrich Glasl hat ein 9-Stufen-Modell entwickelt, mit dem man Konflikte besser analysieren und vor allem auch besser auf sie reagieren kann.

Hier die 9 Stufen:

- Stufe 1: Verhärtung
- Stufe 2: Debatte
- Stufe 3: Taten statt Worte
- Stufe 4: Koalitionen
- Stufe 5: Gesichtsverlust
- Stufe 6: Drohstrategien
- Stufe 7: Begrenzte Vernichtung
- Stufe 8: Zersplitterung
- Stufe 9: Gemeinsam in den Abgrund

Glasl bezeichnet **die ersten drei Stufen** als „erste Ebene", die sich vor allem dadurch auszeichnet, dass die Auflösung des Konfliktes mit einer **Win-win-Situation** für alle Konfliktteilnehmer möglich ist.

In Stufe eins beschreibt er genau die Definition des lateinischen „conflictus": Es gibt zunächst einfach einen Zusammenstoß verschiedener Meinungen, was unter den Beteiligten auch noch nicht als Konflikt wahrgenommen wird.In der Stufe zwei geht es bereits darum, den anderen von den eigenen Argumenten zu überzeugen. Dies kann durch die Art und Weise, wie das erfolgt, bereits zu einem handfesten Streit führen. Ab Stufe drei haben wir dann schon die Situation, die wir naturgemäß als Konflikt kennen: Gespräche werden teilweise abgebrochen, der Druck verschärft sich und der Konflikt verschärft sich zusehends.

Dies ist die letzte Stufe, in der Du die Möglichkeit hast, als Moderator einzugreifen und den Konflikt zu lösen. Machst Du das nicht, bist Du auf fremde Hilfe angewiesen. Daher ist es so wichtig, alle Konflikte in Deinem Team so früh wie möglich, spätestens aber in Stufe drei zu lösen.

Die Gefahr dabei ist auch, dass ab Stufe vier immer mehr Team-Mitglieder in den „Konfliktstrudel"hineingezogen werden.

Eine Schlichtung ist ab dann nur noch mit einem externen Mediator möglich.

Wie kannst Du nun so eingreifen, dass der Konflikt auch wirklich gelöst wird?

Die Behandlung von Konflikten erfolgt grundsätzlich in drei unterschiedlichen Phasen:

Phase 1: Orientierung

In dieser Phase stellst Du den Kontakt zu den einzelnen Konfliktparteien her und prüfst ihre Bereitschaft für eine weitergehende Bearbeitung des Konfliktes.

Frage dabei immer, was sich die Person von einer Behandlung des Konfliktes verspricht und welche Vereinbarungen und Regelungen aus ihrer Sicht notwendig sind, damit sich der Konflikt nicht weiter verschärft.

Hole Dir das Einverständnis aller Personen zur Bearbeitung des Konfliktes ein!

Phase 2: Behandlung

Hier kommt es darauf an, in welcher Stufe sich der Konflikt bereits befindet. Je nachdem kannst Du getrennt oder gemeinsam an den einzelnen Streitpunkten mit den Teilnehmern arbeiten. Kläre die Ereignisse der Vergangenheit auf und gib einen Ausblick auf die mögliche Zukunft!

Am Ende dieser Phase solltest Du die emotionale Bereitschaft aller Konfliktparteien haben, Vereinbarungen für eine konfliktfreie Zukunft zu treffen.

Diese Vereinbarungen werden danach in verbindlicher Form (schriftlich) festgehalten.

Phase 3: Konsolidierung

Oft greifen die getroffenen Vereinbarungen kurzfristig, bevor es wieder zu einem möglichen Rückfall kommt. Daher ist es jetzt besonders wichtig, wieder sofort zu reagieren und auf die getroffenen Vereinbarungen und deren Einhaltung hinzuweisen.

Das ist sicher lästig und kann mehrmals vorkommen, letztendlich führt es aber dazu, dass der Konflikt endgültig abebbt und der Weg für eine friedliche Zusammenarbeit wieder geebnet ist.

 **TO DO LIST:**

-Analysiere, welche Konflikte in Deinem Team vorherrschen!

-Überlege Dir, auf welcher Konfliktstufe sich die einzelnen Konflikte befinden!

-Worauf wartest Du noch? Beginne die Konflikte zu lösen!

-Zusatzaufgabe: Überlege Dir, in welchen Konflikten Du Dich derzeit persönlich befindest. Versuche auch, diese Konflikte zu bereinigen!

Tipp 12: Schaffe Deinen Mitarbeitern das bestmögliche Arbeitsumfeld!

Ja, klar. Ich weiß. Du würdest ja gerne, wenn Du könntest, wie Du wolltest, aber da sind doch immer die Konventionen und Vorschriften und außerdem sind dafür doch ganz andere zuständig.

Ich sage ja nicht, dass Du keinen Stein auf dem anderen lassen sollst, aber wie sagt der Wiener so schön: „A bissl was geht immer!" Hör Dir die Wünsche Deiner Mitarbeiter an und versuche zumindest ein paar davon umzusetzen.

Ein paar Beispiele gefällig?

Wie sieht es zum Beispiel bei Euch mit der Luftfeuchtigkeit aus? Eine einfache Möglichkeit zur Erhöhung bieten Pflanzen. Ermuntere Deine Mitarbeiter daher, ihre eigenen Pflanzen mitzunehmen, oder – falls vorhanden – kontaktiere den Unternehmensgärtner und schildere ihm Deinen Bedarf. Falls Du es genau wissen willst, organisiere ein Messgerät. Die ideale Luftfeuchtigkeit liegt übrigens zwischen 40 und 60 Prozent.

Die Schaffung eines guten Raumklimas ist eine grundlegende Voraussetzung für das Wohlbefinden und die Gesundheit Deiner Mitarbeiter. Bei der Temperatur gilt: Je höher die Luftfeuchtigkeit, desto niedriger sollte die Temperatur sein. Als Richtwert gilt hier ein Wert zwischen 21 und 23 Grad Celsius. Guter Zusatzeffekt: Die Absenkung der Raumtemperatur um ein Grad Celsius bringt eine Energieersparnis von ungefähr sechs Prozent. (Nicht ganz ernst gemeinter Tipp: Reklamiere diese Ersparnis doch einfach für Dein nächstes Budget.)

Ebenfalls nicht zu unterschätzen für das Wohlbefinden Deiner Mitarbeiter ist das Licht. Jeder von uns hat ein Bedürfnis nach Tageslicht. Auf der anderen Seite ist es jedoch auch wichtig, dass man keinen Blendungen ausgesetzt ist. Da das Tageslicht in der Regel jedoch nicht ausreichend ist, kümmere Dich um die geeignete Lichtquelle. Keine Angst: Auch bei Neonröhren gibt es Unterschiede.

Klingt lustig, ist aber durchaus ernst gemeint: Mach Deinen Mitarbeitern die Verkehrswege frei! Sorge dafür, dass lose Kabel verschwinden und die Team-Mitglieder beim Verlassen und Betreten des Arbeitsplatzes keine Schreibtisch- und Kopierer-Rallye unternehmen müssen!

Es ist wahrscheinlich nicht möglich, dass jeder sein eigenes Büro bekommt. Aber die eine oder andere Umstellung kann sicher bewirken, dass zumindest mehr Leute als bisher in Ruhe arbeiten können und nicht ständig gestört werden.

Da die meisten Personen den ganzen Tag im Büro im Sitzen verbringen, ist auch die ergonomische Gestaltung der Möbel sehr wichtig. Damit meine ich, dass als Mindestanforderung zumindest ein rückenschonender Bürostuhl vorhanden sein sollte.

Letzter Tipp: Schaffe Deinen Team-Mitgliedern auch ein gemütliches Umfeld für die Pausen und achte darauf, dass diese auch eingehalten werden! Der menschliche Körper ist nicht auf Dauerbetrieb ausgelegt und braucht ab und zu seine Erholungsphasen. Spätestens nach zwei Stunden ist es bei jedem von uns so weit. Idealerweise können sich Deine Leute dann auf ein ruhiges Plätzchen zurückziehen und kurz ihre Gedanken schweifen lassen. Der Körper meldet sich nach ein paar Minuten automatisch wieder einsatzbereit.

Noch nicht genug? Dann habe ich hier noch ein paar weitere Anregungen für Dich:

-Biete Deinen Mitarbeitern die Möglichkeit, in einem Seminar Entspannungsübungen für zwischendurch kennenzulernen!

-Auch Farben können sehr viel bewirken. Vielleicht haben Du oder andere im Team einen Experten im Bekanntenkreis. Mit wenig Aufwand kann man hier schon viel bewirken.

-Habt Ihr einen Maler oder Fotografen im Team oder einen anderen Zugang zur Kunst? Auch das kann die Räumlichkeiten verschönern.

-Und nun wirklich zu guter Letzt: Frage doch einfach Deine Mitarbeiter, wo der Schuh drückt!

PS: die Beispiele, die ich hier angeführt habe, sind größtenteils auf den Bürobetrieb ausgelegt. Natürlich lassen sich auch in einem Lager, in einer Werkstatt, in einem Verkaufsraum oder in einer Fertigungshalle kleine Verbesserungen erzielen.

 **TO DO LIST:**

-Geh mit offenen Augen durch Deine Arbeitsumgebung und überlege Dir, welche Verbesserungen möglich und kostengünstig umzusetzen sind!

-Frage Deine Mitarbeiter in Einzelgesprächen, was sie gerne an ihrem Arbeitsplatz ändern würden!

-Überlege Dir, ob Du Team-Mitglieder hast, die künstlerisch tätig sind! Frage sie, ob sie ihre Werke gerne am Arbeitsplatz ausstellen möchten!

Tipp 13: Überlege Dir, womit Du Deine Mitarbeiter glücklich machen kannst!

Es geht nicht immer nur um Geld.

Erstens ist die Freude über die Gehaltserhöhung nur von kurzer Dauer und Dein Mitarbeiter ist schon bald wieder am üblichen Glücksniveau angelangt und zweitens ist diese Form der Motivation auf Dauer die teuerste. Der Beweis: Im Laufe der letzten fünfzig Jahre haben die Industrienationen keinen signifikanten Zuwachs an Zufriedenheit erreichen können.

Stress, Unzufriedenheit und Gereiztheit sind die wahren Symptome, die es auszuschalten gilt. Die lassen sich nämlich auch durch einen Geldregen nicht beseitigen.

Gehe daher lieber den Unglücklichmachern in Deinem Team auf den Grund und beseitige sie.

Es gibt viele Möglichkeiten, wo der Hund begraben sein könnte. Hier ein paar Beispiele:

-Wie sieht es denn mit Aufstiegschancen bei Euch aus? Kann man bei Dir Karriere machen?

-Dürfen die Team-Mitglieder ihre eigenen Ideen einbringen und werden diese dann auch umgesetzt?

-Haben die Team-Mitglieder die Chance auf Mitbestimmung? Haben sie Freiheit bei ihren Entscheidungen? Wie viel Verantwortung dürfen oder müssen sie übernehmen?

-Ist das Teamklima gut und gibt es in regelmäßigen Abständen Teamevents?

-Wie ist der Umgangston innerhalb des Teams?

-Haben Deine Mitarbeiter Freiraum bei der Gestaltung ihres eigenen Arbeitsumfeldes?

Es gibt sicher noch viele weitere Dinge, die Dir in Deinem persönlichen Umfeld ein- und auffallen.

Ein wichtiges Mittel zur Motivation ist auch die Möglichkeit zur Weiterbildung. Außerdem ist es in den meisten Fällen wesentlich kosteneffektiver, Deine Mitarbeiter weiterzubilden, als ihnen eine direkte finanzielle Zuwendung zukommen zu lassen.

Ebenso kommt es Dir in den meisten Fällen günstiger, Deine Mitarbeiter mit technischem Equipment wie Mobiltelefon, Tablet und/oder Laptop auszustatten.

Was spricht gegen Eintrittskarten für eine Messe oder ein kostenloses Abonnement von Tageszeitungen oder Magazinen? Vielleicht hilft auch eine Monatskarte für öffentliche Verkehrsmittel oder Freigetränke? Die Möglichkeiten sind vielfältig. Du musst nur ein wenig kreativ sein.

Ein Ärgernis stellen auch immer wieder übertriebene Kontroll- und Genehmigungs-Instanzen dar. Versuche, solche Abläufe so schlank wie möglich zu halten und zu vereinfachen!

Und am Ende kannst sogar Du selbst das Ärgernis sein, wenn Du Deinen Mitarbeitern nicht die entsprechende Wertschätzung entgegenbringst oder das Team einfach schlecht führst. Arbeite also auch an Deiner Qualität als Führungskraft und bilde Dich regelmäßig weiter! Das Buch ist ja schon ein guter Anfang dafür.

Und bedenke: Es sind oft nur Kleinigkeiten, die zwischen Freud und Leid entscheiden. Bleibe daher immer am Ball und versuche die Anzahl der „Unglücklichmacher" so gering wie möglich zu halten oder ganz zu beseitigen!

 **TO DO LIST:**

-Mach Dich auf die Suche nach den Unglücklichmachern in Deinem Team!

-Analysiere die sechs Fragen aus diesem Kapitel in Bezug auf Dein Team!

-Suche das Gespräch mit Deinen Mitarbeitern und versuche auch hier, den Unglücklichmachern auf den Grund zu gehen und sie zu beseitigen!

Tipp 14: Trenne Dich nicht leichtfertig von einem Deiner Team-Mitglieder!

In jedem Team-Manager steckt der heimliche Wunsch nach bestellbaren ISO-genormten Mitarbeitern. Diese gibt es aber bis jetzt noch nicht, wenn man von ein paar Roboterbastelversuchen im Anfangsstadium einmal absieht.

Wenn Du Dich von einem Deiner Team-Mitglieder trennst, dann verliert das Unternehmen automatisch an Humankapital. Humankapital – na und? Was verliere ich denn schon dabei?

Nun, die zwei wesentlichen Funktionen von Humankapital sind erstens, die bestehenden Prozesse am Leben zu erhalten, und zweitens, das Wissen aufzubauen, damit Innovationen vorgenommen werden können.

Und genau dieses Humankapital wird von Managern, Beratern und selbst ernannten Sanierern geradezu leichtfertig verschleudert.

Die Folge: Eine oder beide Funktionen können nicht mehr erfüllt werden – Dein Team tritt am Stand und kann die anstehenden Aufgaben mittelfristig nicht mehr erfüllen.

Jeder Mitarbeiter ist mit einem gewissen Maß an Unternehmenswissen ausgestattet. Deshalb solltest Du immer vorher gut überlegen, ob Du dieses Wissen wirklich leichtfertig weggeben willst.

Bestimmte Aufgaben können eben nur von bestimmten Mitarbeitern erledigt werden, weil sie dafür prädestiniert sind. Oder hast Du Dir schon einmal überlegt, wer den

Weihnachtsmann oder den Osterhasen im Bedarfsfall ersetzen sollte?

Präventiv gibt es natürlich ein Heilmittel gegen diese Situation: den rechtzeitigen Aufbau von Stellvertretungen. Aber was hilft einem diese Weisheit hinterher?

Es geht natürlich nicht nur um Humankapital. Viele weitere Faktoren sprechen dafür, solche Entscheidungen gut zu überdenken:

-Dem Unternehmen entstehen Rekrutierungskosten.

-Während der Zeit, in der die Stelle nicht besetzt ist, muss die Arbeit auf die anderen Team-Mitglieder umverteilt werden.

-Für Kunden und Kollegen steht zumindest vorübergehend kein kompetenter Ansprechpartner zur Verfügung.

-Deadlines können unter Umständen nicht eingehalten werden.

-Es entsteht Irritation und Verunsicherung beim Rest des Teams.

-Der neue Mitarbeiter braucht etwas Anlaufzeit und wird in der Einarbeitungsphase eine niedrigere Produktivität aufweisen.

-Die Einschulung des neuen Mitarbeiters kostet Zeit und/oder Geld.

-Es besteht die Gefahr von Kettenreaktionen. Eventuell laufen Dir nun genau die Mitarbeiter davon, die Dir am wichtigsten sind (Denke an die Rangdynamik in Teams: wenn der Alpha geht, kann das große Auswirkungen auf den Rest des Teams haben).

Jetzt kann es Dir natürlich auch passieren, dass Deine Mitarbeiter von selbst gehen. In diesem Fall solltest Du die Ursachen dafür im Rahmen eines Exit-Gespräches herausfinden.

Dies signalisiert einerseits dem scheidenden Mitarbeiter, dass Du Interesse zeigst und es Dir keineswegs egal ist, wenn Du jemanden verlierst, und andererseits bietet es Dir die Chance, wertvolle Informationen zu erhalten, wie der Arbeitsalltag Deiner Team-Mitglieder aussieht und wo der Schuh drückt.

Außerdem bereitest Du damit auch den Boden für eine eventuelle spätere Rückkehr auf. Wusstest Du, dass immer mehr Unternehmen bei der Suche nach neuem Personal auf ihre ehemaligen Mitarbeiter zurückzukommen?

Im schlimmsten Fall bringt so ein Gespräch nichts, mehr kann aber auch schon nicht passieren, also versuche es einfach einmal bei der nächsten Gelegenheit!

Kleine Episode zum Ende dieses Kapitels:

„Humankapital" wurde von einer Jury aus Sprachwissenschaftlern zum Unwort des Jahres 2004 gekürt. Das Wort degradiere nicht nur Arbeitskräfte in Betrieben, sondern Menschen überhaupt „zu nur noch ökonomisch interessanten Größen", lautete die Begründung des Gremiums. Sollte Dir also ein besseres Wort dafür einfallen, dann wäre ich Dir für eine E-Mail sehr dankbar.

 **TO DO LIST:**

-Überlege Dir, wie es in Deinem Team bei Kernpositionen um Vertretungen bestellt ist!

-Führe die Vertretungspflicht in Deinem Team ein und überprüfe in regelmäßigen Intervallen, ob die ausgesuchten Vertreter die ihnen gestellten Aufgaben auch erfüllen können!

-Entwickle ein Musterszenario für den Abgang eines bestehenden Mitarbeiters, das Du im Bedarfsfall zur Hand nehmen kannst!

Tipp 15: Aber lass Dir auch nicht leichtfertig auf der Nase herumtanzen!

Alles hat seine Grenzen. Daher ist der vorige Tipp auch nicht uneingeschränkt anwendbar.

Das würde ja letztlich völlige Narrenfreiheit für Deine Team-Mitglieder bedeuten und Deine Autorität komplett untergraben.

Wenn sich ein Mitarbeiter wiederholt daneben benimmt und auch langfristig und mit aller Sorgfalt nicht zur Vernunft zu bringen ist, dann musst Du Dich natürlich von ihm trennen.

Ein gewisses Maß an Fluktuation hat ja schließlich auch Vorteile.

-In den meisten Fällen sinken dadurch die Gehaltskosten etwas. Eine kleine Entlastung für Dein Budget.

-Es kommen endlich wieder neue Ideen und Kompetenzen von außen in den Betrieb oder das Team. Der frische Wind wird auch den anderen Team-Mitgliedern gut tun.

-Außerdem ergeben sich natürlich auch Karrierechancen für alle anderen. Je nachdem, welche Position frei geworden ist, kann nun ein anderer diese ausfüllen.

-Schließlich ist es auch immer ein Zeichen für alle anderen: bis hier her und nicht weiter. Alles kann man sich hier auch nicht erlauben.

Wichtig ist aber in diesem Zusammenhang auch, dass Du Deinem Team erklärst, warum Du die Zusammenarbeit beendet hast und welche Schritte dazu geführt haben. Nur so kannst Du vermeiden, dass es zu Gerüchten und falschen Eigeninterpretationen kommt.

Ein Exit-Gespräch, wie im vorigen Tipp empfohlen, wird in dieser Situation nicht viel bringen, aber ein klärendes Gespräch über die wesentlichen Gründe, die zur Trennung geführt haben und wie damit umgegangen werden soll, könnte in manchen (aber nicht allen) Fällen ganz hilfreich sein.

Bleibe aber auch immer Mensch und bedenke, dass so eine Trennung für den Mitarbeiter auch immer einen Schock darstellt! Lege also in so einer Situation nicht jedes Wort auf die Waagschale, sondern lass auch einmal fünf gerade sein und verhalte Dich fair! Erstens verliert dieser Mensch gerade seinen Lebensmittelpunkt und macht eine seelische Achterbahnfahrt durch und zweitens solltest Du auch nicht vergessen, dass man sich im Leben immer zwei Mal begegnet.

Gehe in dieser Situation einfach so mit dem Mitarbeiter um, wie Du Dir wünschst, dass auch mit Dir umgegangen wird.

Also zusammengefasst: Nicht auf der Nase herumtanzen lassen, aber immer schön fair bleiben!

 **TO DO LIST:**

-Entwickle auch für diese Situation ein Musterszenario, das Du im Bedarfsfall zur Hand nehmen kannst! Bedenke dabei vor allem die Wichtigkeit der Kommunikation mit Deinem Team!

-Denk nach, ob es in Deinem Team derzeit Kandidaten für einen Abgang gibt, und überlege Dir, mit welchen Maßnahmen Du darauf reagieren kannst!

Tipp 16: Dein Team ist keine isolierte Einheit!

Überlege Dir, welche Umwelten Dein Team hat, und pflege diese auch. Es ist zwar schön, wenn intern bei Euch alles funktioniert, aber was hast Du schon davon, wenn niemand Notiz von Euch nimmt?

In letzter Konsequenz könnte das nämlich dazu führen, dass Deine Team-Mitglieder sich völlig isolieren, sich für die Allerbesten halten und nichts und niemand die Chance hat, sich dem Team auch nur anzunähern.

Was das für das Image Deiner Truppe bedeutet, brauche ich Dir wohl nicht zu erklären. Und dass das auf Dauer nicht die besten Ergebnisse bringen wird, liegt auch auf der Hand.

Viele Teams glauben immer noch, dass es ausreichend ist, sich auf die eigenen Aufgaben und Ziele zu konzentrieren. In der heutigen Zeit ist es aber notwendig, mit anderen Teams zusammenzuarbeiten.

Das bedeutet, dass die Zusammenarbeit sowohl innerhalb als auch außerhalb der (virtuellen) Teamgrenzen reibungslos funktionieren muss. Dadurch wirst Du auch aufmerksamer für sich anbahnende Veränderungen in den Arbeitsbedingungen, Technologien oder Kundenanforderungen.

Im modernen Team-Management geht es darum, dass Du Deine Team-Mitglieder dazu bringst, von anderen Teams zu lernen und neue Erkenntnisse entsprechend einzubringen und umzusetzen.

Was ist nun genau Dein Job dabei?

Der wichtigste Punkt ist, einmal zu klären, wo Dein Team Anknüpfungspunkte hat. Wer sind die sogenannten Stakeholder?

Wichtig ist auch die entsprechende Zusammenstellung des Teams. Der Fokus ist dabei zumeist auf solche Mitarbeiter gerichtet, denen man zutraut, dass sie die anstehenden Aufgaben bestmöglich lösen können.

Darüber hinaus benötigst Du allerdings auch noch Personen, die ein Gespür für Einflüsse von außen haben, und solche, die ein Talent dafür besitzen, Netzwerke aufzubauen und zu pflegen.

Schau Dir einmal an, wer schon jetzt gute Verbindungen zu wichtigen Institutionen im Unternehmen pflegt, und versuche, diese Leute zu bekommen! Der Blick in Projekte und Projektteams kann dabei sehr hilfreich sein.

Und es ist natürlich auch Deine Aufgabe, Dein Team nach außen zu repräsentieren.

Hier geht es vor allem darum, anderen die Arbeit in Deinem Team zu erläutern und zu präsentieren, die Interessen Deines Teams zu vertreten und die eigene Teamarbeit in übergeordnete Zusammenhänge zu bringen und diese auch jedem in einfachen Worten erklären zu können.

Mehr dazu aber beim nächsten Tipp.

 **TO DO LIST:**

-Überlege Dir, wer Eure Stakeholder sind.

-Überlege Dir, welche Deiner Team-Mitglieder das Team gut repräsentieren! Sage diesen Mitarbeitern auch, dass Du damit sehr zufrieden bist und sie einen wichtigen Teil zum positiven Image des Teams leisten!

-Falls Du zu wenig gute Kommunikatoren im Team hast, versuche intern, weitere aufzubauen, oder achte bei künftigen Rekrutierungen genau auf diese Stärke!

Tipp 17: Vermarkte Dein Team und mache andere auf Eure Erfolge aufmerksam!

„Tue Gutes und rede darüber!" Dieser Spruch ist im Privatleben meistens verpönt, im Berufsleben allerdings geht kein Weg daran vorbei. Wenn Du willst, dass andere auf Dein Team, Dich und Eure Erfolge aufmerksam werden sollen, dann musst Du auch die Werbetrommel rühren.

Die internen Erfolge sind nur die halbe Miete – ohne vernünftige Öffentlichkeitsarbeit kannst Du Dir das alles schenken. Überlege Dir daher Wege und Möglichkeiten, über welche Kanäle Du die Erfolge publizieren kannst!

Hier gibt es verschiedene Möglichkeiten:

-Meetings: Mit an Sicherheit grenzender Wahrscheinlichkeit verbringst Du ohnehin einen großen Zeitanteil Deiner Arbeit in diversen Meetings. Nutze daher diese Treffen und erzähle den Leuten, wie toll es bei Euch läuft!

-Auch das Intranet ist eine interessante Plattform dafür. Beobachte, wie andere Teams hier agieren, und versuche auch hier, auf Euch aufmerksam zu machen! Lass Dich aber nicht mit Halbherzigkeiten abspeisen sondern sieh zu, dass Du auf die Titelseite kommst!

-Veranstalte eine Roadshow oder einen Tag der offenen Tür mit Deinem Team und lade alle im Unternehmen dazu ein! Jeder soll wissen, wie gut es bei Euch läuft. Stelle daher die wesentlichen Aufgaben Deines Teams vor und zeige, wie erfolgreich Ihr dabei seid!

-Das Um und Auf sind natürlich immer noch persönliche Gespräche. Der Dialog ist unersetzlich. Triff Dich mit anderen Team-Managern zum Mittagessen und tausche Deine Erfahrungen aus! Das hat den angenehmen Nebeneffekt, dass Du auch vom Gegenüber erfährst, was in seinem Team gut läuft.

-Newsletter oder Firmenzeitung wären weitere Möglichkeiten, falls es das bei Dir im Unternehmen gibt.

Natürlich hilft es nichts, wenn Du jedes Mal mit Allgemeinphrasen antanzt und andere Leute immer mit dem gleichen Text zumüllst. Überlege Dir daher konkrete Beispiele, anhand derer sich Eure Erfolge darstellen lassen.

Agiere dabei wie ein PR-Profi und schreibe Dir über jeden Erfolg Deine eigene Pressemeldung vor! Das hilft Dir bei der schriftlichen Vermarktung, aber auch bei der mündlichen Übermittlung dieser Informationen, da Du sie ja nun für Dich schon einmal in eine Form gebracht hast und sie nun viel einfacher von den Lippen geht.

Ich bin ja kein PR-Manager, aber hier der grundsätzliche Aufbau von Pressemeldungen:

Eine Pressemeldung kann man sich wie eine auf dem Kopf stehende Pyramide vorstellen. Die wichtigsten Informationen stehen immer gleich am Anfang.

Je mehr Du schreibst, desto detaillierter wirst Du. So haben Redakteure im Zweifelsfall die Möglichkeit, problemlos Deinen Text zu kürzen. (Oder Du selbst – je nachdem, wo die Meldung gerade zum Einsatz kommt.)

Im ersten Absatz solltest Du nach Möglichkeit die folgenden sechs „Ws" beantworten:

Wer? Wo? Wann? Was? Wie? Warum?

Natürlich werden einzelne Antworten entfallen müssen, zum Beispiel, wenn es keine Zeitangabe oder keinen bestimmten Ort gibt.

Formuliere knapp und in kurzen Sätzen, einfach und verständlich!

Erfinde nichts, beschreibe, sag, was Sache ist, und richte nicht, sondern berichte!

Vermeide Fremdwörter und Fachausdrücke!

Mache Absätze!

Formuliere eine Überschrift, in der die Hauptnachricht in aller Kürze beschrieben wird und die zum Weiterlesen anregt!

Das war jetzt nur ein ganz schneller Crashkurs. Viele weitere hilfreiche Informationen erhältst Du aber bestimmt, wenn Du nach den Schlagwörtern „Pressemeldungen Aufbau" googelst.

 **TO DO LIST:**

-Überlege Dir, welche konkreten Erfolge Du vermarkten kannst!

-Verfasse über diese Erfolge entsprechende „Pressemeldungen"!

-Checke, welche Informationskanäle sich in Deinem Unternehmen für die Verbreitung der Meldungen eignen!

-Erstelle Dir einen Kommunikationsplan!

Tipp 18: Informiere Dein Team über wichtige (und auch nicht so wichtige) Neuigkeiten!

Kennst Du den Sender, den jedes Unternehmen empfängt? Flurfunk! Er verkündet die größten Hits der Buchhaltung, der Frau des Chefs und der eigenen Probleme im Team.

Nichts macht den Leuten in der Arbeit mehr Spaß, als Gerüchte zu verbreiten. Meist noch mit dem Verstärker „aber nicht weitererzählen!" versehen, machen so Nicht- und Halbwahrheiten schnell die Runde, ohne dass Du etwas dagegen unternehmen kannst. Ist eine Meldung erst einmal im Umlauf, bist Du automatisch in der Defensive und kannst nur noch entgegnen. Denn wenn so viele Leute über etwas sprechen, dann wird schon was dran sein, werden sich die meisten denken.

Was Du dagegen tun kannst? Du wirst den Flurfunk niemals ganz ausschalten können, aber zumindest kannst Du die Sendeleistung etwas verringern, indem Du eine offensive Kommunikationspolitik betreibst.

Natürlich ist das schwierig und die Rahmenbedingungen des Unternehmens sind dabei stets zu berücksichtigen. Wenn Du in einem Unternehmen arbeitest, das auf Verschwiegenheit Wert legt, hast Du es natürlich ungleich schwerer als in einem Betrieb, wo ohnehin das offene Wort gepflegt wird. Aber auch in den verschlossenen Firmen geht es ja größtenteils nur darum, keine Interna nach außen zu geben und Ideen und Innovationen nicht frühzeitig zu kommunizieren.

Es bleiben also noch eine Menge Möglichkeiten für Dich:

-Berichte Deinen Team-Mitgliedern regelmäßig von den Meetings, an denen Du teilnimmst, und erzähle auch interessante Details davon!

-Sag Deinen Mitarbeitern, wie die vorgegebenen Ziele zustande gekommen sind und welcher Manager sich dabei etwas überlegt hat!

-Halte keine Monologe, sondern führe Dialoge mit Deinen Mitarbeitern! Schaffe ein Umfeld, in dem es möglich ist, ehrliche Fragen zu stellen oder Statements abzuliefern!

-Berichte auch regelmäßig aktuelle Kennzahlen und Geschäftsergebnisse an Dein Team! Nur so können die Leute auch ein Gespür dafür entwickeln. Erkläre auch mögliche Hintergründe dazu und frage die Team-Mitglieder, warum die Ergebnisse ihrer Meinung nach so und nicht anders ausgefallen sind und welchen Weg man einschlagen müsste, um von schlechten Ergebnissen wegzukommen!

Aber eines ist klar: Es gibt keine Wunderwaffe in der Kommunikation und es ist auch eine Frage Deiner Disziplin, wie konsequent Du diese Aufgabe betreibst. Wichtig ist, dass Du mit Deinen Team-Mitgliedern im Gespräch bleibst. Wenn Dir das gelingt, werden auch die Mitarbeiter lernen, wie sie wichtige Änderungen, Ankündigungen und Neuigkeiten im Unternehmen filtern können.

Zusammenfassend also noch einmal die Vorteile offensiver Kommunikationspolitik:

-Du gewinnst das Vertrauen Deiner Mitarbeiter.

-Die Mitarbeiter fühlen sich wertgeschätzt und sind dadurch motivierter.

-Es gibt weniger Unsicherheit im Team.

-Die Gerüchte werden weniger.

-Die Transparenz und damit das Verständnis der Mitarbeiter für Zusammenhänge wird größer.

-Die Entscheidungen werden dadurch mitgetragen und nicht kritisiert.

 **TO DO LIST:**

-Überlege Dir, ob Du Deinen Mitarbeitern ausreichend Informationen zur Verfügung stellst!

-Plane bei Euren regelmäßigen Meetings einen eigenen Agendapunkt für Informationen dieser Art!

-Versuche, zumindest ein Gespräch dieser Art täglich mit einem Team-Mitglied zu führen! Plane dafür Zeit in Deinem Kalender ein!

Tipp 19: Organisiere ein regelmäßiges außerbetriebliches Treffen!

So abgedroschen es auch klingen mag: Der Stammtisch hat noch immer seine Berechtigung. In einer angenehmen Umgebung weit weg vom Alltagstrubel redet es sich gleich ganz anders miteinander.

Es gibt allerdings ein paar Dinge, die man dabei beachten sollte.

Versuche nicht zwanghaft, an irgendwelche Informationen zu kommen, sondern lasse den Dingen einfach ihren Lauf! Wenn Dir jemand etwas erzählen will, dann wird er das auch tun. Mit Drängeln vergiftest Du aber die Atmosphäre und Dein Team durchschaut ganz schnell, dass es Dir eigentlich nur darum geht, Dich unauffällig anzupirschen, um an „gemeine" Teaminfos zu gelangen.

Wichtig ist bei solchen Treffen auch immer der Umgang mit dem Alkohol. Ein Verbot wirkt zu drastisch und schreckt die Leute natürlich ab. Vor allem Du selbst solltest jedoch maximal den vorsichtigen Umgang mit der Volksdroge pflegen. Erstens gehst Du so mit gutem Beispiel voran und zweitens wirst Du am nächsten Tag mit dem Kopf gegen die Wand laufen wollen, wenn Du vor Deinem Team betrunken warst, Dir vielleicht die Krawatte um die Stirn gebunden und versucht hast, mit der Praktikantin Salsa zu tanzen.

Um das Sitzen nicht zur Hauptbeschäftigung zu machen und somit der Langeweile und Trinkfreudigkeit Tür und Tor zu öffnen, empfiehlt sich ein kleines, aber feines Rahmenprogramm.

Die Besichtigung eines anderen Unternehmens ist immer wieder interessant und lässt auch Platz für Gespräche offen. Es ist sinnlos, mit dem Team ins Kino oder auf ein Konzert zu gehen. Da seht Ihr Euch zwar alle, zum Reden kommt Ihr aber dabei nicht. Schließlich ist es aber am wichtigsten, dass die Veranstaltung zu Euch passt. Wenn sich alle am liebsten einmal einen Abend in einen Biergarten setzen, ist das auch gut und Du solltest nicht zwanghaft dagegen arbeiten.

Was Du von so einem Abend hast, ist leicht erklärt, indem ich Dir ein paar bereits besprochene Tipps in Erinnerung rufe:

-Tipp 5: Du führst in erster Linie Menschen und nicht das Team!

-Tipp 6: Erkenne die unterschiedlichen Typen in Deinem Team!

-Tipp 8: Analysiere, wer in Deinem Team welche Rolle spielt!

-Tipp 10: Sei Dir der Beziehungen in Deinem Team bewusst!

-Tipp 11: Löse Konflikte in Deinem Team frühzeitig!

-Tipp 13: Informiere Dein Team über wichtige (und auch nicht so wichtige) Neuigkeiten!

Hast Du es erkannt? So ein Abend bietet Dir die perfekte Gelegenheit zur Umsetzung dieser Tipps. Lehne Dich zurück, beobachte Dein Team unauffällig, sieh Dir an, wer wie agiert, achte darauf, wie sich die Leute zusammensetzen, sei sensibel für kleine Zwischenmeldungen und plaudere in lockerer Atmosphäre aus dem Nähkästchen!

So werden Deine Team-Mitglieder einen netten Abend haben und ein Stück näher zusammenrücken und Du erarbeitest Dir Anerkennung aus Deinem Team und vor allem Wissen über Dein Team. Prost!

 **TO DO LIST:**

-Da gibt es diesmal nicht viel zu sagen: Organisiere einfach ein entsprechendes Event!

-Überlege Dir im Vorfeld, was zu Euch passt und welche Möglichkeiten Du hast, zu reagieren, falls es nicht wie geplant läuft!

-Analysiere nach dem Event, ob es erfolgreich war und bitte auch Deine Team-Mitglieder um Feedback!

Tipp 20: Gratuliere Deinen Mitarbeitern zum Geburtstag!

Dieser Tipp soll nur für eines von vielen Beispielen stehen, wie Du Deinen Mitarbeitern Wertschätzung entgegenbringen kannst.

Es gibt natürlich auch noch andere Möglichkeiten:

-Stelle den Mitarbeitern zu Ostern einen kleinen Osterhasen auf den Schreibtisch oder zu Nikolaus einen kleinen Nikolaus.

-Überrasche Dein Team mit einem erfrischenden Eis an einem heißen Sommertag.

-Besorge ein Frühstück für eine Besprechung.

-...

Wenn Du ein wenig darüber nachdenkst, werden Dir die für Dein Team passenden Aktionen einfallen. Wichtig dabei ist, dass diese Präsente nicht zur Gewohnheit werden, sondern immer einen kleinen positiven Überraschungseffekt darstellen.

Warum? Weil das meiner Meinung nach eine der einfachsten Möglichkeiten für Dich ist, Deinem Team zu zeigen, dass Dir jeder Einzelne wichtig ist und Du seine Arbeit schätzt. Hinter diesem scheinbar banalen Tipp steht nichts anderes als die Aufforderung an Dich, Deinem Team ehrlich gemeinte Wertschätzung entgegenzubringen.

Jeder von uns hat ein Grundbedürfnis nach Anerkennung. Wenn Du nun anderen diese Anerkennung entgegenbringst, fühlen sie sich wahrgenommen und akzeptiert. Nur so kannst Du letztlich einen wirklichen Teamgeist unter Deinen Team-Mitgliedern erzeugen. Denn diese Anerkennung steigert die Einsatzbereitschaft und das Gefühl, „dazu zu gehören".

Viele sehen dieses Entgegenbringen von Wertschätzung aber immer noch als Fleißaufgabe. Doch es ist viel mehr als das. Das wird vor allem dann deutlich, wenn wir uns ansehen, was die Konsequenzen fehlender Anerkennung sind: Stresshormone und Blutdruck sind deutlich erhöht, das Risiko für Herzerkrankungen steigt und die Gefahr von Depressionen, die dann zum Burn-out führen, erhöht sich ebenfalls drastisch.

Und zum Abschluss dieses Tipps hier noch ein paar kleine Gesten der Wertschätzung:

-Lächle, das vermittelt Wärme und Sympathie (wiewohl das kein Aufruf sein soll, Dich zum Dauergrinser zu wandeln)!

-Mit einem Händedruck verringert man die Distanz. Begrüße und verabschiede also Deine Mitarbeiter bei persönlichen Gesprächen immer mit Handschlag!

-Ersetze die übliche Grußformel in Deinen E-Mails durch abwechslungsreiche Botschaften! Das signalisiert dem Empfänger, dass Du Dir Gedanken darüber machst, wie es ihm geht.

 **TO DO LIST:**

-Überlege Dir, welche Aufmerksamkeiten Du Deinen Mitarbeitern zuteilwerden lassen könntest!

-Versuche, in Deine E-Mails etwas Individualität zu bringen!

Tipp 21: Sei ehrlich zu Deinen Mitarbeitern.

Spätestens nach der dritten oder vierten Lüge würdest Du ohnehin auffliegen, weil Du nicht mehr weißt, was Du wem wer erzählt hast, und Dein Kartenhaus würde einstürzen.

Die Möglichkeiten, sich zu verplappern, lauern einfach überall. Wem darf ich was erzählen? Wer darf was wissen? Diese ständigen Überlegungen kosten endlos Energie, die Du woanders viel vernünftiger einsetzen könntest.

Einmal umgekehrt gefragt: Hast Du schon einmal bemerkt, dass Du im Berufsleben belogen wurdest? Wie ist es Dir dabei ergangen? Höchstwahrscheinlich hast Du dieser Person auf lange Zeit Dein Vertrauen entzogen. Und das würde auch Dir bei Deinem kompletten Team passieren, wenn jemand bemerkt, dass Du ihn bewusst angelogen hast.

Der Belogene wird sich in ähnlichen Situationen fragen, ob Du nun wieder unehrlich bist. Ein gewisses Maß an Misstrauen wird auf jeden Fall für lange Zeit bestehen bleiben. Ganz abgesehen von den Wirkungen, die dieses Lügen auf die Arbeit mit Deinem Team hat, wirkt sich die ständige Unehrlichkeit auch auf Dein Wohlbefinden extrem negativ aus.

Du wirst doch auch schon oft bemerkt haben, dass es einfach gut tut, die Wahrheit zu sprechen. Lügen hinterlassen nur belastende Gefühle in Dir. Wie willst Du auch im Reinen mit Dir selbst sein, wenn Dein ganzes (Arbeits-)Leben aus Lügen besteht?

Gut, ich muss jetzt eine ganz kleine Ausnahme von dieser Regel machen. Es geht hierbei um die sogenannten prosozialen Lügen. Ein Musterbeispiel dafür sind Fragen wie „Wie gefällt Dir meine neue Frisur?" oder „Na, wie steht mir dieses grün-gelb gestreifte Hemd?"

Du weißt, worauf ich hinaus will. Hier eine ungezügelte Ehrlichkeit an den Tag zu legen ist nicht immer sinnvoll. Du hast sicher Deine eigenen Methoden und genügend diplomatisches Geschick, um mit solchen Fragen umzugehen.

Mit Ehrlichkeit meine ich aber auch, dass Du Deinen Mitarbeitern in bestimmten Situationen sagst, wie es Dir dabei geht.

-Sag Deinen zwei Streithähnen ruhig, dass ihr Konflikt auch Dich aufreibt!

-Gib einem Mitarbeiter Bescheid, dass sein ständiges Zuspätkommen an Deinen Nerven zerrt!

-Mache Deinen Mitarbeiter darauf aufmerksam, dass Dich seine mangelnde Sorgfalt schon oft in Erklärungsnotstand bei Vorgesetzten gebracht hat!

Diese Transparenz schafft Verständnis bei Deinen Team-Mitgliedern, da sie erkennen werden, dass auch Du nur ein Mensch bist. Das bewirkt bei so manchem (vor allem bei Leuten in der Omega-Rolle) ein Umdenken im täglichen Verhalten.

Natürlich erwartet Dein Team auch weiterhin von Dir, dass Du Dich im Bedarfsfall schützend vor sie stellst, aber das heißt ja nicht, dass Du ein Mensch ohne Gefühle und Bedürfnisse sein musst.

 **TO DO LIST:**

-Denke nach, ob Du in letzter Zeit jemanden bewusst belogen hast und welche Auswirkungen es hatte! Überlege auch, ob Du belogen wurdest und wie es auf Dich gewirkt hat!

-Überlege, ob es Situationen in Deinem Team gibt, in denen Du mit einem ehrlichen Statement ein Umdenken eines Team-Mitgliedes erreichen könntest!

Tipp 22: Verstecke Dich nicht!

Ich weiß ja nicht, ob Du auch so einer bist. Aber es gibt diese Team-Manager, die sich auf ihrem Schreibtisch eine Festung aufgebaut haben und sich dahinter verstecken.

Es ist ja auch viel angenehmer, den ganzen Tag an einer Excel-Tabelle zu arbeiten, seinen Outlook-Kalender zu bearbeiten, sein Social Media-Profil auf den neuesten Stand zu bringen oder seine Handy-Einstellungen zu optimieren, als die Komfortzone zu verlassen und sich bei seinen Mitarbeitern blicken zu lassen.

Allein: Das ist nicht Dein Job. Du bist dafür da, dass Dein Team funktioniert. Und Dein Team braucht Dich dafür. Es ist ganz wichtig, dass Du Präsenz zeigst. Jede Minute, die Du vor Deinem Computer sitzt, ist eine Minute, in der Du nicht für Dein Team da bist.

Wenn Du Dich mehr mit Deinem PC als mit Deinem Team beschäftigst, dann wird Dich Dein Team irgendwann nicht mehr als Führungskraft wahrnehmen und akzeptieren.

Klar ist es bequemer, eine E-Mail mit der Bitte um Bearbeitung an einen Mitarbeiter weiterzuleiten, aber wertschätzend und effizient ist das nicht. Nütze solche Gelegenheiten für persönliche Treffen mit dem jeweiligen Mitarbeiter und delegiere die Aufgaben auch persönlich! Glaube mir: Die Mitarbeiter wissen diese Nähe zu schätzen.

Ebenso ist es um Klassen persönlicher, auf dem Arbeitsplatz eines Mitarbeiters eine Nachricht auf einem Post-It-Zettel zu hinterlassen, als eine E-Mail zu schreiben. Das signalisiert dem Mitarbeiter: Mein Vorgesetzter war persönlich da und hat den Kontakt gesucht.

Und lies bitte nicht Deine E-Mails, wenn Du in Besprechungen bist. Und schon gar nicht, wenn Du in einem Meeting mit Deinen Team-Mitgliedern bist. Was sollen diese denn denken? Was denkst Du denn, wenn Deine Führungskraft zu tippen anfängt, während Du von Euren Erfolgen in der vergangenen Woche erzählst?

Ein Grund für dieses Verkriechen am Arbeitsplatz ist oftmals die Tatsache, dass man ständig erreichbar sein muss. Klar, wenn Du am Wochenende, in der Mittagspause oder sogar in der Nacht ständig für Deine Mitarbeiter über Dein Mobiltelefon erreichbar bist, dann laugt Dich das irgendwann aus und Du suchst verzweifelt nach Pausen von dieser ständigen Erreichbarkeit.

Mein Tipp: Sei lieber erreichbar, wenn Du im Büro bist, und gönne Dir dafür Pausen von der Erreichbarkeit, wenn Du nicht in der Arbeit bist! Die Leute gewöhnen sich daran.

Zu den Aufgaben des Team-Managements gehört es auch, neue Ideen zu finden und Visionen zu entwickeln. Wie willst Du das machen, wenn Du Dich ständig Deinem Umfeld auslieferst? Diese Ideen und Visionen findest Du viel wahrscheinlicher bei einem entspannenden Kaffee oder in einem Gespräch mit einem Mitmenschen, bei dem Du nicht ständig die Angst haben musst, dass Euch jemand stört.

Wenn Dein Arbeitsalltag zu einem Großteil aus persönlichen Gesprächen besteht, dann machst Du alles richtig!

 **TO DO LIST:**

-Plane feste Zeiten in Deinem Terminkalender für persönliche Gespräche ein!

-Gönne Dir ab sofort Auszeiten, in denen Du auf keinen Fall telefonisch erreichbar bist!

-Überlege Dir, welche E-Mails Du künftig durch persönliche Anweisungen ersetzen kannst!

Tipp 23: Höre Deinen Mitarbeitern zu, manchmal haben sie bessere Lösungen als Du!

Ja, klar hast Du geniale Ideen und Deine Vorschläge haben das Unternehmen schon oft nach vorne gebracht. Vergiss dabei aber nicht, dass auch andere denken und planen können!

Was ich Dir hier sagen will, ist, dass Du Deinen Team-Mitgliedern wirklich zuhörst und nicht nur so tust als ob. Zuhören bedeutet nicht, nach ein paar Wörtern versuchen, eine Antwort auf das Gesagte parat zu haben. Zuhören bedeutet viel mehr: zum Beispiel Informationen aufsaugen, verarbeiten, verstehen, reflektieren! Deshalb hier ein paar Tipps für aktives Zuhören:

-Ziehe keine voreiligen Schlüsse und fälle keine voreiligen Urteile, während Dein Gegenüber spricht, sondern höre ihm zu, bis er fertig ist!

-Versuche die Kernaussage des Gesagten zu erfassen!

-Wiederhole das Gesagte in eigenen Worten!

-Stelle Fragen!

-Denk darüber nach! (Wirklich, nicht nur nachdenklich schauen!)

Dieser Tipp bringt Dir gleich zwei große Vorteile. Zum einen erhältst Du wirklich tolle Inputs von Deinen Mitarbeitern, wenn Du Dich auf intensive Gespräche mit ihnen einlässt und zum anderen ist die Umsetzung einer Idee für das jeweilige Team-Mitglied ein unglaublicher Motivationsmotor.

Viele Unternehmen versuchen, dieses Zuhören zu institutionalisieren oder auf anderen Wegen ein

Vorschlagswesen zu etablieren. In der Unternehmens-Fachsprache redet man hier von BVW (betriebliches Vorschlagswesen) oder etwas moderner vom Ideen-Management.

Das oftmalige Ergebnis von Überlegungen dieser Art ist ein Karton, auf dem „Ideenbox" oder so etwas in der Art geschrieben steht und in den die Leute dann brav ihre Ideen einwerfen können. Ob das sinnvoll ist, kommt aber immer auf die Unternehmenskultur an.

Es gibt ja auch noch andere Möglichkeiten: einen Ideen-Wettbewerb, eine eigene Rubrik im Intranet, usw. Sogar eigene Software wurde dafür schon entwickelt und auch ganze Unternehmen haben sich auf strategische Ideenentwicklung für Unternehmen spezialisiert.

Das sind alles hervorragende Methoden, um die vorhandene Kreativität aus den Leuten herauszuholen, meiner Meinung nach ist das persönliche Gespräch aber unersetzbar, vor allem, weil es die wertschätzendste Methode gegenüber Deinen Mitarbeitern ist, wenn sie ihre Ideen persönlich vorstellen dürfen.

Und noch etwas: Ich meine damit nicht, dass Du Deinen Mitarbeitern nur ein bis zwei Mal im Jahr beim vorgeschriebenen Mitarbeitergespräch zuhören sollst, sondern laufend. Oft sind es die Gespräche, die unerwartet aus der Situation heraus entstehen, die die wertvollsten Ergebnisse bringen.

 **TO DO LIST:**

-Übe Dich im „aktiven Zuhören" nach der vorhin beschriebenen Vorgehensweise!

-Verwalte die Ideen Deiner Mitarbeiter in einer beliebigen Form Deiner Wahl! Ja, Du darfst auch eine Excel-Tabelle anlegen...

-Überlege Dir, welche Methode eines Vorschlagswesens für Dein Team passend sein könnte!

Tipp 24: Suche Dir Deinen Nachfolger und bereite ihn entsprechend vor!

Das klingt zwar sehr gewagt, bringt Dir aber langfristig viele Vorteile:

-Die Loyalität des entsprechenden Mitarbeiters ist Dir sicher

-Du kannst Deine Aufgaben delegieren und gewinnst dadurch Zeit

-Der Mitarbeiter kann im Bedarfsfall die Vertretung für Dich übernehmen

-Die anderen Team-Mitglieder sehen, dass es möglich ist, innerhalb des Teams aufzusteigen und Karriere zu machen.

Natürlich möchte ich nicht unerwähnt lassen, dass sich so eine Vorgehensweise auch nachteilig auf die Motivation aller anderen Team-Mitglieder auswirken kann. Wozu sollen sie sich denn noch anstrengen, wenn der Thronfolger schon ausgewählt wurde?

Dies kannst Du dadurch entkräften, dass Du Dir nicht einen, sondern gleich zwei Nachfolger aufbaust. Und Du musst ja auch nicht erwähnen, dass sie Deine Nachfolger werden sollen. Bezeichne sie einfach als Deine Vertretungen, das klingt nicht so endgültig!

Besonders profitierst Du von einer kompetenten Vertretung in Zeiten, in denen Du geplant oder ungeplant abwesend bist. Ist es nicht gleich viel schöner und beruhigender, wenn man problemlos in den Urlaub gehen kann und keine Berge von

Arbeit auf dem Schreibtisch hat, wenn man wieder zurückkommt?

Außerdem kann immer etwas passieren. Stell Dir vor, Du hast einen Unfall und bist längere Zeit arbeitsunfähig! Diese Situation ist an sich schon sehr unangenehm, wenn Du dann aber noch ständig daran denken musst, dass in der Arbeit alles liegen bleibt und sich niemand um die wichtigen Dinge kümmert, belastet Dich das zusätzlich. Wie viel einfacher istes hier, wenn man sich regelmäßig in einem kurzen Gespräch mit der Vertretung austauschen und sich über den aktuellen Stand informieren lassen kann?

Damit Du allerdings im Bedarfsfall kompetent vertreten werden kannst, sind ein paar Dinge notwendig:

-Informiere Deine Kunden und Geschäftspartner darüber, wer Deine Vertretung ist und übermittle ihnen die entsprechenden Kontaktdaten!

-Statte Deine Vertretung mit der Kompetenz aus, die sie benötigt! Damit meine ich den Zugriff auf Informationssysteme am PC und wichtige Ordner und Akten am Arbeitsplatz.

-Kläre mit Deiner Vertretung ab, wie Deine persönliche Haltung in wichtigen Fragen ist, und verlange, dass diese Meinung im Bedarfsfall auch so kommuniziert wird!

-Bereite Deine Vertretung langfristig auf geplante Vertretungstermine vor!

So, nun kannst Du beruhigt in den Urlaub fahren.

Oder noch besser: Nun bist Du auch bereit für meinen letzten Tipp...

 **TO DO LIST:**

-Sieh Dir Deine Team-Mitglieder genau an und überlege Dir, wer Dich gut vertreten könnte! Suche Dir ein bis zwei Vertreter aus!

-Informiere Dein Team und alle Leute aus Deinem Arbeitsumfeld über die Vertretungsregelung!

-Statte Deine Vertretung(en) mit den notwendigen Kompetenzen aus!

-Lehne Dich zurück und beobachte, wie es funktioniert! Wenn es gut funktioniert, lobe Deine Vertretung, wenn es nicht so gut läuft, rede mit Deiner Vertretung darüber, wenn es dauerhaft schlecht läuft, tausche Deine Vertretung aus!

Tipp 25: Wage den nächsten Karriereschritt!

Ja genau! Worauf wartest Du noch? Es wird Zeit für Dein nächstes Abenteuer.

Oder wie sagte schon Henry Ford:

„Wer immer tut, was er schon kann, bleibt immer das, was er schon ist."

Das soll jetzt natürlich kein Aufruf zum bedingungslosen Job-Hopping werden. Ich bin aber der Meinung, dass jede Tätigkeit für jede Person ein persönliches Ablaufdatum hat.

Wann dieser Zeitpunkt gekommen ist, musst Du allerdings für Dich selbst herausfinden. Am besten schaffst Du das, wenn Du in regelmäßigen Abständen versuchst, Bilanz über Deine bisherige Tätigkeit zu ziehen, und Dir dabei vor Augen hältst, was Du schon erreicht hast und welche Aufgaben und persönlichen Ziele noch vor Dir liegen.

In früheren Zeiten galt in unseren Breitengraden eine Verweildauer im Job unter vier bis fünf Jahren als unangemessen und illoyal. Diese Sichtweise hat sich aber in den letzten Jahren stark gewandelt und vor allem jüngere Arbeitnehmer versuchen durch einen häufigeren Wechsel ihr Fachwissen auf eine breitere Basis zu stellen und sich so ein großes Erfahrungsspektrum anzulegen.

Wichtig ist hier allerdings auch, ein gewisses Fingerspitzengefühl an den Tag zu legen. Wenn Du jeden Job gleich nach ein bis zwei Jahren wieder aufgibst und wechselst, wird sich ein Arbeitgeber spätestens nach fünf bis sechs solcher Wechsel sehr genau überlegen, ob er Dich einstellt.

Du solltest den Karrieresprung oder Jobwechsel daher nicht überstürzen, sondern sorgfältig planen. Hier ein paar Tipps, die Du dabei unbedingt berücksichtigen solltest:

-Überlege Dir, wohin der Weg gehen und was Dir der neue Job bringen soll!

-Gehe Deine Wechsel gezielt an und überlege Dir gut, welche nachweisbaren Erfolge Du bereits in Deiner derzeitigen Tätigkeit vorweisen kannst!

-Sieh Dich auf alle Fälle zuerst im eigenen Unternehmen um, welche Möglichkeiten sich für Dich ergeben könnten! Rede auch offen mit Deinen Vorgesetzten über mögliche Perspektiven für Dich!

-Falls Du nicht im gleichen Unternehmen bleiben willst, prüfe den neuen Arbeitgeber schon vor dem Wechsel auf Herz und Nieren!

-Gib auch Deiner Familie und Deinen Freunden eine Chance, sich auf den Wechsel einzustellen, und informiere sie zumindest von Deinen Absichten!

-Allerdings solltest Du Deinen Wunsch nicht an die große Glocke hängen, sondern lieber gezielt und wirkungsvoll streuen!

-Wenn der Wechsel schon feststeht, gestalte die letzte Zeit in Deinem alten Job würdevoll. Bedenke den alten Spruch: „Man sieht sich immer zwei Mal im Leben!"

Jetzt liegt es nur noch an Dir, zu analysieren, ob Du in Deinem Job noch etwas zu beweisen hast oder ob Du bereit bist für die nächste Herausforderung.

Ich wünsche Dir auf jeden Fall viel Glück bei all Deinen derzeitigen und künftigen beruflichen Herausforderungen!

 **TO DO LIST:**

-Analysiere für Dich selbst, ob es schon so weit ist, den nächsten Schritt zu wagen!

-Überlege Dir, wo die Reise hingehen soll! Welche langfristigen Vorteile würdest Du aus einem Wechsel ziehen?

-Falls Du es wagen willst: Beherzige die Tipps in diesem Kapitel! Ich wünsche Dir viel Erfolg dabei!

Nachwort

Liebe Leserin, lieber Leser,

ich hoffe, meine 25 Tipps konnten Dir ein wenig in Deinem beruflichen Alltag weiterhelfen.

Im Nachwort möchte ich nun etwas vom Thema abweichen und Dir noch etwas anderes mit auf den Weg geben.

Dies ist mein Aufruf, das Leben zu genießen und Spaß zu haben. Betrachte das Ganze öfter als Spiel, das Leben heißt, und mache Dir dieses Spiel so angenehm wie möglich!

Am besten gelingt dies in beruflicher Hinsicht meiner Meinung nach dann, wenn Du einer Tätigkeit nachgehst, in der Du Deine größten Stärken so oft wie möglich einsetzen kannst. Und wenn Du der Meinung bist, dass dies bei Dir gar nicht zutrifft: Jeder Job hat eine Stellenbeschreibung, was zu erledigen ist. Doch was Du letztlich aus einem Job machst, liegt auch zu großen Teilen an Dir. Die meisten Tätigkeiten bringen zumindest einen kleinen Anteil an individuellen Gestaltungs-möglichkeiten. Denke darüber nach und überlege Dir, was Du in Deiner persönlichen Situation ändern könntest, um mehr Spaß im beruflichen Alltag zu haben, wenn es gerade nicht so läuft, wie Du Dir das vorstellst!

Eine weitere einfache Möglichkeit, zu mehr Selbstzufriedenheit zu gelangen: Sei nicht zu hart zu Dir. Viele von uns überhäufen sich mit Selbstkritik und sehen immer erst ihre Fehler, bevor sie sich über ihre Erfolge freuen. Durch diese ständige Selbstkritik fühlen wir uns dann so richtig schlecht und sie bietet die Basis für dauerhaftes Unglück und führt geradewegs in die Depression oder ins berufliche Burn-out.

Fehler zu machen, ist menschlich. Auch Du kannst Fehler machen und bleibst trotzdem ein liebenswerter Mensch, genauso wie Deine Team-Mitglieder und Deine Vorgesetzten. Harte Selbstkritik macht Dich nicht zu einem besseren Menschen. Eine gewisse Nachsicht mit Dir selbst hebt Deine Stimmung und Du wirst nach einer gewissen Zeit bemerken, dass sich die schlechten Gefühle in Luft auflösen und Du mit Freude und Begeisterung an Deine Aufgaben herangehen kannst.

Ich möchte mich an dieser Stelle bei Dir bedanken, dass Du bis hierher gelesen hast und wünsche Dir viel Glück, Spaß und Erfolg bei all Deinen derzeitigen und künftigen beruflichen und privaten Herausforderungen!

Herzlichst,

Martin Schmidt

Bonus-Track: Checkliste Mitarbeiter-Jahresgespräch

Sichere Dir jetzt Deine **Checkliste für Mitarbeiter-Jahresgespräche!**

Die Checkliste erhältst Du unter

http://www.martin-schmidt.at/checkliste/

Eine kleine Bitte: ich freue mich über Deine Bewertung!

Liebe Leserin, lieber Leser,

wir sind nun am Ende des Buches angelangt und ich hoffe, ich konnte Dir mit den 25 Tipps für erfolgreiches Team-Management vermitteln, worauf es im Job als Führungskraft ankommt und was man besser vermeiden sollte.

Ich halte den Preis dieses Buches bewusst sehr günstig, weil ich weiß, wie wichtig es gerade für den ersten Führungsjob ist, ein paar gute Ratschläge und einen guten Wegweiser mit auf den Weg zu bekommen. Dieses Buch ist in erster Linie durch mein Wissen aus der Praxis und damit verbunden auch den schmerzhaften Fehlern entstanden, die ich im Laufe meiner Karriere gemacht habe. Es ist mir wichtig, anderen Leuten dabei zu helfen, genau diese Fehler zu vermeiden und ihnen somit einen sanfteren und schnelleren, erfolgreicheren Start zu ermöglichen, als ich ihn damals hatte.

Falls Dir das Buch gefallen hat, habe ich daher eine Riesenbitte an Dich: das beste Kompliment, dass Du mir machen kannst und den höchsten Preis, den Du mir für dieses Buch bezahlen kannst, ist eine positive Rezension auf Amazon. Warum? Weil das natürlich das Vertrauen der Leser in meine Bücher, Seminare, Vorträge und Coachings stärkt und es mir somit auch ermöglicht, mein berufliches Leben genau mit jenen Menschen zu verbringen, mit denen es mir Freude bereitet: mit neuen Führungskräften, denen ich einen guten Start in ihr Berufsleben ermöglichen möchte.

In diesem Sinne: viel Freude bei Deinem Job!

Martin Schmidt